RH
Les leviers de la performance

Éditions d'Organisation
Groupe Eyrolles
61, bd Saint-Germain
75240 Paris Cedex 05

www.editions-organisation.com
www.editions-eyrolles.com

Chez le même éditeur

Guy Le Boterf, *Ingénierie et évaluation des compétences*, 2006.

Bernard Calisti et Francis Karolewicz, *RH et développement durable*, 2005.

Jean-Marie Peretti, *Tous DRH*, 2006.

Yves Réale, Bruno Dufour, *Le DRH stratège*, 2005.

Patrice GALAMBERT

RH
Les leviers
de la performance

Redéfinir, développer et piloter la performance
Ressources humaines

Préfaces de Charles-Henri d'Arcimoles et de Patrick Dubert

EYROLLES
Éditions d'Organisation

Sommaire

PARTIE 3
Piloter la performance Ressources humaines

Annexes

Préfaces

Avant de commencer la lecture de cet ouvrage, je me disais que ce qui caractérise le plus la démarche intellectuelle de Patrice Galambert, c'est sa quête permanente du questionnement pertinent, son acharnement à évaluer ce qui ne se laisse pas aisément quantifier.

J'ai retrouvé ces dimensions dans son livre, mais également une clarification des enjeux, des rôles, des interactions, des processus de la fonction Ressources humaines. Cette clarification est utile autant pour les praticiens que pour ceux qui cherchent à s'informer et à comprendre les enjeux de ce métier dans de grandes organisations.

Patrice Galambert aborde les questions de pilotage d'une manière simple et pragmatique. Il montre combien la conduite du changement est au cœur de ce métier, et qu'on ne peut se poser la question des politiques et des objectifs stratégiques sans aborder en amont la question du contrôle et du suivi.

Gérer est indissociable de mesurer. Ce livre rassemble les pistes de progrès utiles pour donner à la fonction la base quantitative indispensable, tout en gardant à l'esprit que la contribution Ressources humaines ne saurait se résumer à une activité de gestion.

Je voudrais souligner combien cet ouvrage est également imprégné de bon sens et de valeurs humanistes, et ne se réduit pas à une analyse mécanique des organisations et de leurs finalités.

Patrick Dubert,
Directeur des Ressources Humaines du groupe Alstom

La contribution possible des ressources humaines et de leur gestion à la performance de l'entreprise ferait-elle partie de ces mythes gestionnaires ? La plupart des responsables veulent y croire, mais rares sont finalement ceux qui l'observent et la font vivre. Étrange paradoxe donc que cette croyance que les ressources humaines sont à l'origine des succès les plus solides, alors que les pressions économiques et financières semblent malmener chaque jour davantage la fonction RH et le personnel. Pour lever ce voile, les entreprises et leurs responsables ont besoin à la fois d'analyses, d'informations et de chiffres. Les recherches menées en ce sens aux États-Unis depuis vingt ans, et plus récemment en France, s'efforcent de progresser sur cette voie, essayant notamment de surmonter quatre obstacles :

- le premier est celui de la multicausalité, les ressources humaines étant un facteur de performance parmi d'autres, ce qui rend d'autant plus difficile la compréhension et la distinction de leurs effets propres ;
- le deuxième obstacle est celui de la mesure et des indicateurs, sans lesquels la gestion se limite à des effets de rhétorique et s'expose à la contradiction dès que les exigences de rentabilité se font plus fortes ;
- le troisième est celui du temps, le rythme de la gestion des ressources humaines étant souvent plus lent que celui des reporting et des résultats, ce qui risque de masquer momentanément les effets positifs ou négatifs des décisions RH ;
- le dernier obstacle enfin est celui de la spécificité des contextes et des pratiques, ce qui exclut la possibilité de recettes universelles, et oblige chercheurs et praticiens à concevoir la contribution des ressources humaines dans un cadre toujours contingent.

Face à ces difficultés, l'ouvrage de Patrice Galambert a le double mérite de proposer une réflexion argumentée et de s'appuyer sur une expérience de terrain variée. Ainsi peut-il essayer de joindre théorie et pratique, et apporter alors une contribution originale et utile. Il revient bien sûr au lecteur de juger lui-même de la pertinence des recommandations faites par l'auteur. Profitant de cette préface, je me permets de soumettre mes propres conclusions après lecture de ces pages.

Il apparaît tout d'abord que l'étude de la performance par les ressources humaines suppose que soient bien compris le périmètre et les missions de la fonction RH. Ce qui revient à poser la question du but avant celle des moyens et des actions. L'effort de Patrice Galambert dans la première partie de son livre est à ce titre tout à fait utile. « Celui qui ne sait vers quel port il se dirige ne trouve jamais de vent favorable », nous dit Sénèque le Jeune ; ainsi en est-il pour les responsables RH, qui ne pourront espérer contribuer à la performance sans avoir auparavant clarifié le sens de leur action.

Une fois orientée, la gestion des ressources humaines peut ensuite s'inscrire dans cette double démarche de réduction des coûts et de création de valeur. La seconde partie de l'ouvrage propose sur ce point des pistes très intéressantes. Ainsi l'optimisation des coûts suppose-t-elle une approche aussi complète que possible, qui intègre en particulier les « coûts cachés » (absentéisme, insécurité, démissions...) afin d'éviter que leur augmentation compense et excède la réduction des coûts visibles.

En outre, il n'est pas de gestion possible sans pilotage ni indicateurs. Le principal mérite de ce livre est, me semble-t-il, d'avoir pris à bras le corps cette question du pilotage de façon à ne pas laisser dans le flou les enjeux pratiques des thèses développées. Après avoir justement souligné la nécessité de surmonter les réticences culturelles de la fonction RH, peu disposée à se prêter aux logiques de contrôle et d'évaluation, Patrice Galambert illustre ses propositions de nombreux exemples et de trames détaillées. Il fournit ainsi des bases très utiles sur lesquelles chacun pourra essayer de construire ses propres outils de pilotage, adaptés à son contexte.

Enfin, ce sont les convictions et les comportements du management qui donnent leur sens aux méthodes et aux outils. L'une des forces de cet ouvrage est de reposer sur des convictions sans lesquelles les techniques sonnent souvent creux. Face aux exigences de rentabilité et de performance, les responsables RH doivent non seulement parvenir à argumenter et chiffrer la contribution de leurs actions, mais ils doivent aussi développer une vision. Sans doute l'auteur aurait-il pu être plus explicite sur ce point, et ne pas hésiter à affirmer davantage les « valeurs humanistes » auxquelles il croit. Car, après tout, la création de valeur économique à laquelle les entreprises ne peuvent échapper pourrait aussi passer par l'affirmation et l'affermissement de valeurs professionnelles, sinon humanistes. À l'image de l'auteur, les responsables d'entreprises restent discrets sur ce point. Sans doute par pudeur, mais aussi par retenue, après les excès des discours parfois manipulateurs des années 1980. Il est possible toutefois que, relayée par le courant de la responsabilité sociale des entreprises, la prochaine étape de cette quête de valeur par les RH passe aussi par la question des valeurs humaines et comportementales qu'il convient ou pas de promouvoir.

Charles-Henri d'Arcimoles
Professeur agrégé à l'Université Paris-I-Panthéon-Sorbonne

Remerciements

Mes remerciements vont aux entreprises pour lesquelles je suis intervenu comme consultant sur certains de ces thèmes, notamment Arcelor (aujourd'hui Arcelor Mittal), EDF, France Télécom, IBM France, Lafarge, Stef-TFE.

Merci également à certains universitaires et cabinets de conseil avec qui j'ai pu échanger sur ces thèmes, en particulier Entreprise et Personnel, avec Patrick Gilbert, Charles-Henri d'Arcimoles et Philippe Bourjault, le contenu de cet ouvrage restant cependant de mon unique responsabilité.

Merci enfin à ma famille, ma femme et mes deux filles.

Introduction

Pourquoi écrire et publier aujourd'hui un livre sur la performance Ressources humaines ?

D'abord pour des raisons personnelles. Je travaille depuis longtemps sur l'interface entre contrôle de gestion et Ressources humaines, et sur l'application des méthodes de contrôle de gestion au domaine des Ressources humaines. L'objet de ce livre s'inscrit donc parfaitement dans cette perspective.

L'investissement dans le domaine des Ressources humaines contribue à la création d'actifs immatériels. Et autant il est généralement facile d'évaluer la rentabilité d'une action commerciale ou d'un investissement technique, autant la mesure de la performance dans les Ressources humaines est plus délicate car il faut rapprocher des dépenses clairement identifiées de résultats souvent qualitatifs bien plus difficiles à mesurer.

Une autre raison du choix de ce sujet est qu'il répond à des préoccupations très actuelles. Du fait de la pression des marchés financiers et des exigences de la mondialisation, les fonctions support, et notamment la fonction Ressources humaines, sont de plus en plus mises à contribution. Elles doivent désormais justifier leurs effectifs et leur budget, et prouver que ces derniers contribuent bien à la création de valeur pour l'actionnaire, d'où la nécessité de savoir mesurer et développer la performance Ressources humaines.

En abordant ce sujet, cet ouvrage se veut à la fois un livre de conviction et un manuel technique qui propose des solutions opérationnelles aux praticiens de la fonction.

C'est un livre de conviction parce que, à force de vouloir réduire les coûts de la fonction Ressources humaines sans réfléchir de manière rigoureuse à ses impacts et à l'utilité de ses investissements, nombre d'entreprises commettent à notre avis un contresens qui risque de menacer leur rentabilité à moyen terme. Bref, ce livre n'est pas forcément très « tendance ». Il ne cherche pas à se conformer à tout prix à l'air du temps et reste fidèle à certaines valeurs humanistes.

Mais il n'est pas seulement un plaidoyer. Il s'agit avant tout d'un ouvrage professionnel dont la raison d'être est de proposer des méthodes rigoureuses à des praticiens, ces méthodes ayant pu être testées dans nos différents chantiers de consultant.

Concrètement, le plan du livre est simple : définition, développement puis pilotage. Nous commencerons par rappeler quelques définitions et, en premier lieu, celle de la performance Ressources humaines, afin de disposer d'un langage commun.

Ensuite, nous aborderons dans une deuxième partie le développement de la performance Ressources humaines avec ses deux composantes indissociables, l'optimisation des coûts et la création de valeur. Nous examinerons successivement l'apport des différents leviers puis verrons comment les combiner dans un projet d'ensemble cohérent.

Enfin, pour accompagner le déploiement de ce projet, il est important de pouvoir piloter l'évolution de la performance Ressources humaines. La troisième et dernière partie propose donc un système de pilotage rigoureux, abordant à la fois le suivi des dépenses et celui de la création de valeur, articulé autour de la gestion des projets et des processus.

Un livre est d'abord conçu pour ses lecteurs, lesquels peuvent provenir d'horizons divers. Cet ouvrage est d'abord destiné aux praticiens de la fonction Ressources humaines. Et, par praticiens, nous entendons à la fois les professionnels de la fonction support mais aussi tous les managers qui encadrent des collaborateurs et ont donc des responsabilités en matière de Ressources humaines. Il s'adresse également aux étudiants qui se préparent à exercer ces différents métiers.

Nous espérons que ce livre sera utile à ces différentes catégories de lecteurs à la fois sous l'angle pratique d'une aide méthodologique dans leurs responsabilités quotidiennes et comme contribution à l'élargissement et à l'approfondissement de leur vision de la fonction.

Partie 1

Redéfinir la performance Ressources humaines

Cette partie commence par un plaidoyer pour étendre la notion de performance Ressources humaines à la création de valeur.

Le chapitre 2 permet ensuite de préciser les définitions pour parvenir à un langage commun.

Logiquement, nous commençons par bien définir le périmètre de la fonction avant de pouvoir évaluer une performance dans le cadre de ce périmètre.

La définition de ce périmètre repose sur plusieurs éclairages complémentaires : les différents rôles de la fonction, les principaux domaines et les populations prises en compte.

Ensuite, la définition de la performance Ressources humaines comprend à la fois des aspects défensifs sur les coûts, les délais et la maîtrise des risques, et des aspects plus offensifs concernant la qualité du service et la création de valeur.

Enfin, ce chapitre consacré aux définitions permet de préciser la notion de pilotage et la différence entre structure Ressources humaines et fonction Ressources humaines.

CHAPITRE 1

La problématique générale et le risque de contresens

Attention, danger !

Ce livre est à la fois un plaidoyer, expression d'une conviction personnelle, et un ouvrage plus classique proposant des techniques opérationnelles d'amélioration et de pilotage de la performance Ressources humaines (RH).

Mais quelle est donc notre conviction personnelle ? Où se situe le danger ? Le risque majeur est à notre avis de se tromper de combat. Il faut commencer par renforcer l'utilité et la qualité du service de la fonction RH plutôt que de consacrer la totalité des efforts à la réduction de ses coûts.

Il est plus important pour la rentabilité à moyen terme de l'entreprise d'avoir des salariés compétents et motivés, de savoir identifier les compétences clés et de les développer, et de contribuer à maîtriser la masse salariale totale que de réduire de 20 à 30 % les coûts de la structure RH.

Soyons clairs, bien sûr, la réduction permanente des coûts est un effort nécessaire mais elle doit s'inscrire dans une logique d'optimisation et ne pas se faire au détriment de l'utilité et de la qualité du service de la fonction RH. Et, dans certains cas, voire le plus souvent, il sera plus judicieux de consacrer des ressources supplémentaires à la fonction pour favoriser la rentabilité à moyen terme.

Le problème, c'est que ce raisonnement est difficilement assimilable par des financiers car les coûts de la structure RH sont bien plus visibles et chiffrables que ses impacts qualitatifs sur le bon fonctionnement de l'entreprise. Voilà pourquoi, dans le deuxième chapitre de la troisième partie, nous proposerons des méthodes permettant de mieux évaluer les impacts sur la création de valeur de l'entreprise des projets RH.

Profitons également de l'occasion pour nous attaquer à un deuxième effet de mode : bien sûr, la structure Ressources humaines doit être au service des managers, la fameuse notion de « HR partner », mais pas seulement. Elle a également sa mission propre de cohésion du corps social, de respect des valeurs internes et du cadre légal externe. Autrement dit, elle devra favoriser l'expression par le comité de direction d'un véritable projet Ressources humaines et développement durable qui sera un des leviers majeurs de la rentabilité financière à moyen terme mais qui parfois, à court terme, pourra être vécu par certains responsables opérationnels, comme une gêne et un obstacle.

Enfin, la mondialisation exige de nos entreprises une réactivité et une vitesse croissance de conception et d'exécution. Mais parfois, on confond trop vitesse et précipitation. Prendre le temps de l'écoute, du dialogue et de la concertation peut parfois apparaître comme une contrainte à court terme mais permet généralement d'être beaucoup plus rapide et efficace ensuite grâce à une conviction et une implication plus fortes des collaborateurs de terrain pendant la phase de mise en œuvre.

4

CHAPITRE 2

Définitions
pour un langage commun

Souvent, dans mes chantiers, j'ai constaté un certain flou dans l'utilisation des mots. On qualifie de projet par exemple ce qui n'est qu'une simple action ou un processus de la mission de base. Aussi le rappel de quelques définitions, même si cela peut paraître un peu scolaire, nous permettra d'adopter un langage commun et d'être plus rigoureux dans la suite de cet ouvrage.

Structure Ressources humaines et fonction Ressources humaines

Si la structure Ressources humaines réunit les professionnels de ce métier, la fonction Ressources humaines recouvre quant à elle le périmètre global RH, incluant l'ensemble de ses acteurs, experts ou managers. Ainsi, l'entretien annuel d'évaluation n'est pas réalisé par des professionnels de RH mais par des managers.

Sauf précision contraire, ce livre sera consacré à la fonction plutôt qu'à la structure.

Le périmètre et les missions de la fonction

Le rappel du cadre logique

La définition d'une performance ne peut se faire que par rapport à une mission préalablement définie. Trois éclairages complémentaires permettent de préciser cette mission.

Les différents rôles de la fonction Ressources humaines

En la matière, on distingue deux rôles complémentaires. D'une part, on considère la fonction Ressources humaines comme un « business partner » qui répond aux besoins opérationnels des managers : elle assure la paie, elle déploie quantitativement et qualitativement les collaborateurs dont l'entreprise a besoin aux bons endroits et sans retard ; elle les embauche, les forme, gère leur carrière, etc.

D'autre part, on considère la fonction Ressources humaines en tant que « gardienne » du respect des règles, des valeurs et de la cohésion sociale. La posture est dans ce cas différente. La fonction RH n'est plus au service des managers mais au contraire s'assure qu'ils respectent les contraintes externes (le droit du travail, etc.) et internes (les règles et principes), et que leurs actions ne remettent pas en cause de manière durable la cohésion du corps social.

Si le binôme entre le directeur général et son directeur des Ressources humaines fonctionne bien, ce dernier pourra alors jouer un rôle de contre-pouvoir au sens positif du terme.

Les principaux domaines couverts

Le périmètre couvert par la fonction RH est sans doute devenu plus difficile à définir que dans le passé. Il s'est diversifié et varie d'une entreprise à l'autre. Et, dans la même entreprise, il changera avec l'arrivée d'un nouveau directeur.

L'organisation classique d'une direction des Ressources humaines est souvent articulée autour de trois pôles : le développement des RH, les relations sociales et la gestion administrative.

Toutefois, l'importance relative de ces trois domaines n'est plus la même. Le développement des Ressources humaines, visant notamment à mettre à la disposition des managers les ressources dont ils ont besoin, constitue désormais le cœur de la mission. Inversement, le domaine des relations sociales traditionnelles avec les syndicats est souvent, à tort ou à raison, considéré comme marginal et les entreprises externalisent de plus en plus une partie significative de leur gestion administrative.

Nous avons donc préféré restructurer la liste des domaines d'une manière plus dynamique (voir l'encadré ci-dessous).

Le développement des Ressources humaines comprend deux missions : la mise à disposition des ressources puis leur optimisation qui inclut la qualité du dialogue social.

Par ailleurs, l'importance de la dimension stratégique de la fonction est réaffirmée et inclut notamment la gestion des cadres dirigeants.

Une notion de support logistique élargi comporte à la fois la gestion administrative et la paie, et le fonctionnement interne de la fonction.

Enfin, les domaines optionnels, couverts ou non selon les entreprises par la fonction Ressources humaines, sont regroupés dans une deuxième partie, avec notamment la sécurité et le développement durable.

LISTE DES DOMAINES DES RH

- **PREMIÈRE PARTIE : LE « NOYAU DUR » DE LA MISSION RESSOURCES HUMAINES**

La mise à disposition des ressources : la gestion de l'emploi et des compétences

La dimension opérationnelle à court terme

    La gestion quantitative

        La gestion quantitative de l'emploi et la logique de flexibilité

        Les restructurations

    La gestion qualitative : les non-cadres

        Démarche compétences et formation

        La gestion individuelle : recrutement, évaluation et gestion des carrières

La gestion qualitative : les cadres

Idem a et b ci-avant

L'anticipation : la gepec

L'optimisation de l'utilisation des ressources

La dimension économique

Rémunération globale et protection sociale

Politique salariale, rémunérations variables, avantages en nature, protection sociale (santé et retraite)

Le contrôle de gestion sociale : pilotage de la masse salariale et des effectifs

Le dialogue social

L'équilibre entre les trois axes du dialogue social (dialogue hiérarchique, dialogue direct avec la direction générale et dialogue avec les représentants du personnel)

Les relations sociales avec les syndicats

La gestion des conflits

La dimension « stratégie et conduite du changement » de la fonction ressources humaines

La gestion des cadres dirigeants

L'accès : potentiels, promotion interne et recrutements

Carrière, rémunération et formation

La réflexion stratégique et l'anticipation

La dimension « préventive » Ressources humaines du plan stratégique et des grandes orientations business (conditions de faisabilité en termes de disponibilité des ressources, d'acceptabilité du rythme de changement, etc.) et, symétriquement, les objectifs stratégiques de la fonction RH, contribution aux orientations stratégiques business

La préparation du volet Ressources humaines des grands projets business

L'accompagnement opérationnel de la conduite du changement

Le volet Ressources humaines des fusions/acquisitions et autres restructurations et réorganisations

L'aide à la conduite du changement et l'accompagnement Ressources humaines des autres grands projets

Le support logistique

La gestion administrative et la paie

La paie et le pointage

Autres aspects de gestion administrative

Le fonctionnement interne de la fonction RH

Le SIRH

L'organisation et le pilotage

L'optimisation des coûts et la démarche processus

La professionnalisation

- **DEUXIÈME PARTIE : LA PÉRIPHÉRIE**

Communication interne montante (observation sociale) et descendante

La qualité du management et l'organisation

Les conditions de travail, la santé et la sécurité

La sécurité et les accidents du travail

La santé et les maladies professionnelles

La gestion des horaires

Les autres conditions de travail

Le développement durable

Les populations prises en compte

Faut-il seulement considérer les salariés de l'entreprise (CDD et CDI) ou l'ensemble des ressources humaines utilisées quel que soit leur statut juridique (stagiaires, intérimaires, prestataires, etc.) ?

De plus en plus, les salariés et les non-salariés participent aux mêmes processus de production, et donc avec une exigence comparable de formation et de compétences requises.

Par ailleurs, en matière d'hygiène, de sécurité et de développement durable, la responsabilité de l'entreprise est souvent invoquée, même si le salarié travaille pour l'un de ses prestataires.

La nécessité d'adapter ce cadre aux circonstances

Le périmètre couvert ne sera pas le même d'une entreprise à l'autre, et, au sein d'une même entreprise, il pourra varier dans le temps en fonction des circonstances.

En revanche, autant ce périmètre est adaptable, autant il est indispensable de le préciser clairement avant de définir et piloter les performances qui lui sont associées.

La performance RH
dans le cadre de ces missions

Les aspects « défensifs » sont ceux sur lesquels la fonction RH est habituellement jugée. Ils correspondent à des critères d'efficience, soit la manière dont la fonction assure ses prestations.

Les aspects « offensifs » évaluent l'efficacité et la contribution à la création de valeur.

Les aspects défensifs

Ce sont hélas les plus fréquemment voire parfois les seuls utilisés aujourd'hui.

Les variables quantifiables

Tout d'abord, concernant la *maîtrise des coûts*, on peut distinguer trois étapes successives.

Étape 1. Bien caractériser la liste des dépenses correspondant aux coûts de la fonction RH.

Ce seront essentiellement des frais de main-d'œuvre, autrement dit les salaires des collaborateurs de la fonction. Mais il faudrait aussi y ajouter le temps que les opérationnels consacrent à des processus ou des projets RH.

Enfin, d'autres dépenses seront prises en compte comme les prestations d'intérimaires, le coût du système d'information RH, etc.

10

Étape 2. Évaluer ces dépenses de manière fiable.

La difficulté consistera à les lister précisément tout en étant capable de les évaluer à partir des données disponibles dans le système d'information.

Par exemple, comment connaître le coût complet d'un recrutement ou d'une paie mensuelle ? On trouvera rarement de telles informations dans la comptabilité analytique. Alors, le plus simple sera souvent de se baser sur l'organigramme détaillé de la structure RH, de répartir les collaborateurs sur les différentes missions RH puis de les valoriser à l'aide de coûts standards. On complétera les dépenses de main-d'œuvre, en général prépondérantes, par les frais complémentaires, notamment informatiques, estimés à l'aide de ratios.

Étape 3. Analyser leur évolution.

Pour simplifier, on peut considérer que l'évolution du coût « y » d'un processus RH est de la forme : $y = ax + b$, « x » représentant l'évolution de l'effectif géré par la fonction.

Autrement dit, une évolution brute de la dépense n'est pas vraiment significative tant que l'on ne l'aura pas rapprochée de celle de l'effectif géré.

EXEMPLE

Le coût total annuel de la structure RH de la société XX est de 10 millions d'euros en 2005, et à nouveau de 10 millions en 2006.

On pourrait en déduire qu'elle n'a guère fait d'efforts pour améliorer sa productivité… Erreur, car, grâce au lancement d'un nouveau produit, elle a augmenté ses effectifs de 10 % en un an.

Autrement dit, elle a réussi à assurer un volume d'activité supérieur d'environ 10 % sans augmenter ses dépenses.

Hélas, les différents processus RH ne peuvent être analysés de manière identique. Certains coûts sont proportionnels, par exemple pour le processus recrutement, d'autres comme le processus paie ont une partie fixe importante.

Par ailleurs, il faudra distinguer dans la variation l'évolution structurelle à moyen terme de l'évolution conjoncturelle due à un événement particulier, des frais de restructuration ou de fermeture d'usine par exemple.

Enfin, la logique d'analyse ne sera pas la même en fonction du domaine traité. On opposera par exemple la volonté de réduction des coûts de gestion administrative à la recherche plus subtile d'optimisation des autres coûts associés à la création de valeur (développement des RH, etc.)

En conclusion, la maîtrise des coûts est une variable majeure mais il faudra procéder à une analyse rigoureuse de son évolution et se méfier de toute conclusion trop hâtive.

La *réduction des délais* est aussi une des priorités des opérationnels. Lorsqu'un poste de directeur d'usine ou de chef de produit est rendu vacant à la suite d'une démission, il s'agit de le remplacer au plus vite.

Plus généralement, la fonction RH doit accompagner l'accélération du changement. L'entreprise ferme un site, lance une nouvelle activité, crée une filiale à l'étranger : la fonction RH doit être réactive et affecter très vite des collaborateurs par mobilité interne ou recrutement là où ils seront nécessaires.

La dimension qualitative

Il convient de s'assurer que le système est « sous contrôle » et que l'on maîtrise les risques. Par exemple, il faut anticiper les cas de conflit social ou de dérive brusque et inattendue des effectifs et/ou de la masse salariale.

Autrement dit, et comme pour la fonction financière, les données fournies par la fonction RH devront être fiables, et ses engagements respectés.

Le marché financier sanctionne toujours durement des résultats financiers inférieurs aux prévisions annoncées et, pour les variables qu'elle contrôle ou surveille, la fonction RH devra être aussi fiable que ses collègues.

Les aspects offensifs associés à la création de valeur

Les thèmes abordés

La performance économique durable résulte de deux facteurs clés complémentaires. En premier lieu, on trouve le développement de la qualité potentielle du capital humain. Pour ce faire, le préalable est la présence de collaborateurs bien sélectionnés et maîtrisant les compétences requises pour leur emploi.

En second lieu, on distingue l'optimisation de l'utilisation de ce capital. Le préalable précédent est nécessaire mais insuffisant. Il faut ensuite motiver ces collaborateurs afin qu'ils donnent le meilleur d'eux-mêmes. Les leviers de cette motivation sont bien connus. On peut citer notamment la cohésion du corps social, la qualité du management, les politiques de reconnaissance qualitative ou financière, etc.

La méthode d'évaluation de cette création de valeur

Plusieurs catégories de variables pourront être appréciées pour évaluer les résultats obtenus.

La *satisfaction* est mesurée, par exemple, par des enquêtes auprès des clients de la fonction (direction générale, managers et ensemble du personnel).

La direction générale et les managers seront toujours retenus comme clients de la fonction.

Faut-il aussi apprécier l'impact de la fonction RH sur la motivation de l'ensemble des salariés. La décision sera du ressort de chaque entreprise (*cf.* § « L'animation transverse… », p. 80).

On mènera d'autre part des *enquêtes d'intercomparaison* entre entreprises par exemple pour les salaires.

Des *mesures plus spécifiques* comme *le taux de micro-absentéisme* ou *le turn-over* permettront d'apprécier le degré de satisfaction du personnel. L'évolution des compétences acquises constatée lors des entretiens annuels pourra aussi donner des indications utiles.

Au-delà de l'évaluation des résultats obtenus décrite précédemment, on peut enfin apprécier la dynamique de progrès par l'atteinte des objectifs définis dans le cadre du système de pilotage et de la démarche qualité.

La réalisation des objectifs stratégiques, le bon déroulement des projets pour les atteindre, l'amélioration des indicateurs de performance des processus, entrent dans cette catégorie.

Le pilotage des performances RH

Le pilotage s'inscrit dans une logique de régulation et la mesure de la performance est à son service.

Le pilotage consiste à définir une cible, puis un chemin pour l'atteindre avec un calendrier. On vérifie ensuite en cours de chemin que la réalité est conforme à la prévision. En cas de dérive constatée, des actions correctrices devront être décidées.

Le pilotage Ressources humaines est assuré, en fonction des thèmes, par le management, la structure RH, ou les deux conjointement. Il commence au sommet de la hiérarchie avec ensuite une pratique de délégation, et la clarification des responsabilités des différents acteurs concernés sera l'un de ses facteurs de succès.

EXEMPLE

Le pilotage de la masse salariale et des effectifs est un processus complexe inclus dans l'élaboration et le suivi du budget. Il comprend généralement plusieurs itérations.

Après un cadrage général par la direction générale sur les évolutions attendues, les unités de terrain (usines, équipes de vente, etc.) font remonter leurs besoins d'effectifs valorisés en fonction notamment de l'évolution prévue de la charge de travail. Des arbitrages ont ensuite lieu pour parvenir aux autorisations budgétaires de l'année à venir.

Le pouvoir de décision reste logiquement assuré par le management mais il s'appuie sur les structures RH et contrôle de gestion pour procéder aux calculs et arbitrages. Souvent la structure RH estime l'évolution de l'effectif qui est ensuite valorisée par le contrôle de gestion.

Partie 2

Développer la performance Ressources humaines

Toute entreprise s'efforce de développer ses performances dans l'ensemble de ses domaines, et notamment dans celui des Ressources humaines. Simplement, elle le fait généralement de manière pragmatique et informelle en lançant des actions en fonction des opportunités.

Dans cette deuxième partie, on va donc proposer un guide d'audit, dresser l'inventaire des principaux leviers pour s'assurer que le lecteur n'en aura pas oublié et donner quelques conseils pratiques pour chacun de ces leviers.

Bien sûr, les solutions pour développer les performances RH seront différentes selon qu'il s'agit d'un grand groupe industriel international comme IBM ou d'une petite entreprise textile des Vosges. Parmi les critères de différenciation, on peut citer la taille, le secteur d'activité, la dimension internationale, la richesse de l'entreprise, la structure de son actionnariat. Nos propositions resteront donc forcément générales et devront ensuite être adaptées aux spécificités de l'entreprise.

En lançant un projet qui combine la plupart des leviers pour une durée de 6 mois à deux ans (en fonction de la taille de l'entreprise et du choix des leviers), on doit passer à la vitesse supérieure et dégager des gains plus significatifs en termes de performance qu'en échelonnant dans le temps une succession d'actions isolées.

Nous sommes dans cette partie restés fidèles à notre logique d'optimisation : nous avons distingué les leviers de réduction des coûts portant en priorité sur la gestion administrative : ils sont présentés dans le premier chapitre. Les leviers de création de valeur sont abordés dans le chapitre suivant. Enfin, le troisième chapitre montre comment combiner l'ensemble de ces leviers dans les différentes étapes d'un projet cohérent.

Une approche matricielle

L'une des principales difficultés d'un projet de développement des performances Ressources humaines est qu'il s'agit d'une démarche complexe, à analyser selon plusieurs axes : quelles sont les performances recherchées (coût et/ou délai et/ou qualité du service), pour quels domaines (gestion administrative, développement des RH, etc.) et avec quels leviers prioritaires ?

Autrement dit, il s'agit d'une approche matricielle croisant des leviers et des domaines pour atteindre les performances attendues.

16

EXEMPLE

Questions préalables à l'externalisation de la gestion administrative.

Quel est le domaine, autrement dit le périmètre précis de cette externalisation : uniquement le processus paie ou également les déclarations annuelles de charges sociales, la gestion administrative de la formation, etc.

Quelle est la performance attendue : une baisse de quel pourcentage des dépenses ? Quel sera aussi l'impact sur la qualité du service et comment le mesurer ?

Les leviers seront dans ce cas multiples : avant d'externaliser, il faudra mieux formaliser les processus et les interfaces entre la gestion interne des temps et des activités, et la paie externalisée. On en profitera peut-être pour simplifier aussi certaines pratiques comme les règles de paie ou de versement d'acomptes. Enfin, le système d'information sera impacté.

CHAPITRE 3

Les principaux leviers pour l'optimisation des coûts

Comment réduire les coûts de la fonction Ressources humaines à qualité de service inchangée ? On peut certes améliorer la productivité individuelle mais les principaux gisements relèvent de la productivité collective.

Les méthodes et techniques utilisées précédemment dans les activités de production peuvent l'être désormais dans les activités de service. Alors n'hésitons pas à dégager tous les gains de productivité envisageables mais, si possible, pour les réinvestir ensuite dans le développement futur de l'entreprise : ce pourra être la recherche, le développement commercial, ou aussi la réaffectation des ressources ainsi dégagées vers d'autres activités RH créatrices de valeur (notamment la formation).

La productivité collective : organisation, méthodes et système d'information

Elle portera sur les méthodes de travail et non sur le comportement individuel.

La démarche processus

Un processus est une succession coordonnée d'activités destinées à satisfaire des clients internes ou externes dans le cadre d'objectifs préétablis. Ceux-ci sont répétitifs et standardisés avec des acteurs opérationnels et/ou appartenant à la structure RH.

Dans la pratique, l'essentiel de l'activité de la fonction RH est constitué par des processus : l'embauche, l'entretien annuel, la paie, etc.

Voilà pourquoi une optimisation des coûts de la fonction, en raisonnant processus par processus, permet de s'appuyer sur un cadre rigoureux qui est d'ailleurs en général également utilisé par les autres fonctions de l'entreprise, notamment dans le cadre des démarches qualité.

Les étapes classiques d'une démarche processus

On commencera par *dresser la cartographie des processus existants* : la paie mensuelle, le recrutement, la préparation d'un comité d'entreprise, le plan annuel de formation, l'entretien annuel d'évaluation.

Concrètement, pour élaborer cette cartographie, on commencera par lister les principaux domaines Ressources humaines (par exemple, Développement des RH, Gestion administrative, Relations sociales) puis on fera l'inventaire des processus de chacun de ces domaines (*cf.* le tableau présenté ci-après pour le domaine «Développement des RH»).

Étape suivante, on *décrira* ces *principaux processus* selon *une trame standard* qui comportera deux parties (*cf.* l'exemple de trame présenté dans les annexes) :
  – Une présentation de synthèse avec le propriétaire responsable du processus, le résultat attendu, le ou les indicateurs de performance, etc.
  – Une description détaillée de chacune des étapes.

Ensuite, on *améliorera les performances du processus* en agissant sur son *contenu*. On déduira pour cela de la description précédente une évaluation du processus et des pistes de progrès.

Enfin, on *formalisera la présentation finale* du contenu en respectant les règles de l'assurance qualité.

Quelques facteurs clés de succès pour l'amélioration des performances par la démarche processus

- *On accordera un soin particulier à l'élaboration de la cartographie.*

C'est un exercice difficile qui nécessite généralement plusieurs itérations successives. En effet, l'architecture comporte souvent plusieurs niveaux, comme le montre le tableau présenté ci-après, avec quelques questions à résoudre :

- Jusqu'où faut-il descendre dans le détail du découpage ?
- Quels sont les meilleurs critères de découpage en sous-processus : les types de contrats, le niveau hiérarchique, etc.
- Faut-il avoir une définition intégrée du processus RH, c'est-à-dire du fait générateur amont jusqu'au traitement de ses conséquences administratives et paie (*cf.* plus bas l'exemple du recrutement) ?

DOMAINE DÉVELOPPEMENT DES RESSOURCES HUMAINES		
SOUS-DOMAINES	PROCESSUS	SOUS-PROCESSUS
Les principales étapes de la carrière individuelle	Le recrutement	Les types de contrats : CDI, CDD, autres Les catégories de populations : ouvriers, chefs d'équipes, cadres Les canaux de recrutement : Internet, annonce journal, chasseur de têtes, etc.
	L'intégration	Idem
	La mobilité	Idem
	Fin de contrat et élaboration du STC	Sous-processus à différencier par types de contrats, par populations (cadres, non-cadres, etc.), et par causes de la fin du contrat (retraite, démission, licenciement, autres)
L'évaluation et la gestion des carrières	L'entretien annuel	Cadres et non-cadres
	Les revues de personnel	
	Le traitement de candidatures par la bourse de l'emploi	

.../...

DOMAINE DÉVELOPPEMENT DES RESSOURCES HUMAINES		
SOUS-DOMAINES	PROCESSUS	SOUS-PROCESSUS
La formation	Élaboration du plan de formation annuel Suivi du plan de forma-tion Démarrage puis contrôle d'une nouvelle action de formation	

- *On saura sélectionner dans cette cartographie les processus à enjeu pour se donner des priorités dans l'action.*

Il ne faut pas se disperser mais agir en priorité sur les 20 % des processus qui représentent 80 % des enjeux.

Pratiquement, cependant, ce n'est pas toujours si facile, et on aura par exemple intérêt à commencer par évaluer, même sommairement, les coûts respectifs des différents processus. Cette évaluation pourra ensuite servir de base à une sélection.

- *On veillera à ne pas se tromper d'enjeu et on commencera par caractériser les performances clés des processus sélectionnés.*

EXEMPLE

LE PROCESSUS RECRUTEMENT

L'entreprise A s'est contentée de réduire les délais et les coûts, d'où de nombreuses erreurs de recrutement qui ont conduit à des départs pendant ou après la période d'essai, provoquant un mécontentement des managers.

L'entreprise B, sans négliger les coûts et les délais, a donné à juste titre la priorité à la qualité des recrutements.

- *On distinguera deux leviers d'amélioration :*
  - L'optimisation continue, a priori de nature participative. Elle n'est pas vraiment douloureuse, ne nécessite pas d'efforts majeurs et préserve le climat social. A contrario, les gains attendus seront limités, par exemple de 5 à 10 % par an.

– La réingénierie avec rupture. L'exercice est d'une toute autre nature. Il s'agit de réexaminer les fondements du processus en n'excluant aucune hypothèse comme l'externalisation partielle ou totale de son contenu. Il faudra alors faire preuve d'imagination et tenter vraiment de penser autrement.

Autant l'optimisation continue peut être réalisée par les salariés responsables du processus, autant la réingénierie nécessite généralement l'intervention d'un partenaire extérieur, souvent un consultant interne ou externe à l'entreprise, et ce pour deux raisons :

– Le besoin d'un recul et d'une vision différente qui doivent être complétés par une méthodologie rigoureuse.
– La réingénierie entraîne souvent une réduction de l'emploi : on commencera donc par identifier l'emploi cible avant de définir le chemin social le plus approprié pour adapter l'effectif en conséquence.

• *On retiendra pour les opérations de réingénierie des cibles ambitieuses de réduction des coûts.*

Des gains de 30 à 40 % sur deux ans ne sont pas exceptionnels à condition de repenser entièrement les processus.

• *On recherchera la transversalité et le dialogue social.*

Un processus comme le recrutement ou la paie est souvent transverse à plusieurs entités qui doivent coopérer.

EXEMPLE

Dans l'entreprise X, les responsables de la partie amont du processus paie (recueil des éléments variables de paie, soit la gestion des temps et des activités, dans les unités opérationnelles) et les responsables de la partie aval du même processus (traitement mensuel de la paie et son contrôle) ne se parlaient quasiment jamais. Ils ne communiquaient que par téléphone, à chaud, pour résoudre les conflits et dysfonctionnements.

Une réunion qualité a permis de réunir tous les acteurs clés du processus appartenant aux différentes unités, qui ont ainsi pu mieux se connaître (certains ne s'étaient jamais vus !), et réaliser en concertation un diagnostic du fonctionnement d'ensemble du processus. Au-delà des aspects purement techniques, le fait de simplement mieux se connaître a contribué à améliorer les performances.

Le système d'information ressources humaines (SIRH)

Compte tenu de l'importance de ses impacts, le SIRH ne devrait plus être réservé à des spécialistes et ses principales orientations gagneraient à être élaborées collectivement par les principaux responsables de la fonction RH.

Les principaux outils et fonctionnalités

Les grandes entreprises utilisent de plus en plus des ERP intégrés, SAP module Ressources humaines, Oracle/PeopleSoft, gamme Zadig d'ADPgsi, HR Access, Meta4, Cegid/CCMX, etc.

Parfois, comme pour SAP, le même progiciel couvre la plupart des fonctions transverses de l'entreprise (finances, achats, logistique, etc.), parfois il se limite au domaine Ressources humaines.

Les entreprises moyennes et petites utilisent soit une version adaptée des mêmes progiciels (par acquisition ou par abonnement), soit des solutions conçues pour des entreprises de leur taille ; elles recourent assez fréquemment à la sous-traitance des traitements ou de l'intégralité des processus.

Classiquement, en Ressources humaines, on commence par automatiser le processus paie pour aborder ensuite d'autres fonctionnalités comme la gestion de la formation, l'enregistrement des entretiens annuels, la gestion des compétences, etc.

Enfin, récemment, les nouvelles versions sous technologie Internet ont permis d'élargir l'accès aux données (libres services), de déléguer aux opérationnels la gestion quotidienne (planification, absences) et d'accélérer la rapidité des traitements.

En résumé, on pourrait classer les fonctionnalités offertes de la manière suivante :

* *Automatisation de traitements répétitifs.*

Par exemple, la paie, l'administration du personnel, la gestion administrative de la formation, etc.

* *Création de bases de données permettant d'améliorer la fiabilité et l'accès aux données.*

Cela concerne les bases de données « personnel » contenant les principales informations (état civil, etc.) nécessaires au processus paie, mais aussi les bases de données « managers » facilitant la mobilité internationale et la gestion des carrières au sein d'un groupe.

Ces bases de données favorisent l'intégration des différentes entités de l'entreprise ou du groupe par le partage de l'information et la mise en commun des offres de formation ou de mobilité interne.

- *Utilisation en self-service par l'ensemble du personnel de l'intranet Ressources humaines.*

Par exemple, pour modifier en direct certaines données d'état civil ou accéder à son solde de congés à prendre ou de compte épargne temps.

- *Mise en œuvre de « workflows ».*

Les « workflows » relient sur intranet les différents acteurs d'un processus donné et favorisent l'échange de documents et la prise de décision, par exemple pour les processus recrutement ou gestion des heures supplémentaires.

- *Développement de processus de travail collaboratifs dans des espaces sécurisés.*

Cela concerne les projets RH, la gestion de la mobilité et des compétences.

- *Utilisation d'outils d'aide à la décision.*

Par exemple, les progiciels de simulation des évolutions de la masse salariale pour préparer le prochain budget ou la négociation annuelle obligatoire.

Quelques facteurs clés de succès

- *Avoir un pilotage et une vision unifiés du SIRH.*

Le SIRH est un des facteurs clés de la performance RH. Au fur et à mesure de ses développements, il concerne l'ensemble de la fonction. Or, trop souvent, on constate l'évolution suivante : le responsable du domaine « paie et gestion administrative » pilote également les applications informatiques de ce domaine qui sont souvent les premières disponibles pour les RH ; puis, petit à petit, chaque responsable de domaine RH s'outille à son tour de manière indépendante. On commence par la formation, puis la gestion des carrières, puis un outil de simulation de la masse salariale, et l'entreprise se retrouve bientôt confrontée à une profusion d'outils informatiques

RH autonomes et non coordonnés, lourds à gérer (saisies multiples) et sans garantie de cohérence sur les sources d'informations.

Les libellés paie ne sont pas ceux des emplois types utilisés pour la gestion des compétences, celle-ci n'est pas coordonnée avec l'élaboration et le suivi du plan de formation, etc.

En vérité, nous ne préconisons nullement le développement d'un outil unique intégrant toutes les fonctionnalités. En revanche, l'existence d'un langage commun avec des définitions partagées, d'une vision de synthèse et d'un schéma directeur des évolutions futures nous semble indispensable.

Concrètement, une fois les priorités RH validées par ses clients internes, il faudra donc désigner au sein de la DRH un responsable de l'ensemble du SIRH. Il pourra n'avoir que cette fonction et être rattaché directement au DRH ou être également responsable d'un domaine, souvent la paie et l'administration du personnel, ou de plus en plus le développement des RH.

• *Mettre le SIRH au service de ses utilisateurs.*

Priorité étant donnée aux impératifs métier des «clients internes», le responsable du SIRH ne sera pas un informaticien et, si possible, n'aura pas réalisé l'ensemble de sa carrière dans le SIRH.

Avant de s'empresser de mettre en œuvre de nouvelles applications, il commencera par s'assurer de la bonne compréhension et de l'appropriation des applications existantes par leurs utilisateurs.

On constate souvent que, dans la précipitation de la mise en œuvre initiale, certaines fonctionnalités des applications existantes sont peu connues ou mal utilisées (quand elles ne sont pas tout simplement désactivées) ; par ailleurs les «clients» du SIRH ont rarement une vraie vision de synthèse de l'ensemble des applications et de leurs interfaces ; enfin, certains groupes d'utilisateurs ont parfois du mal à faire entendre leur voix.

• *Profiter de l'introduction du SIRH pour revisiter l'organisation existante et rechercher la création de valeur.*

Se contenter d'automatiser les tâches antérieures serait une erreur. L'introduction du SIRH doit être l'occasion de repenser l'organisation et les méthodes de travail.

Généralement, l'introduction du SIRH commence par le module de gestion administrative. Et l'entreprise fait souvent appel à un intervenant extérieur dont le contrat prévoit un calendrier d'exécution avec des pénalités en cas de retard.

La pression sur les délais est souhaitable mais comporte aussi des effets pervers. On se contente de revisiter le minimum indispensable sans forcément revoir les parties manuelles des processus non directement impactées par le SIRH, ce qui nécessite alors souvent une action d'optimisation dans un second temps.

EXEMPLE

Dans une entreprise de logistique, le détail du temps passé et des heures supplémentaires est l'objet d'un suivi local par les agents de maîtrise avant d'être transmis au service du personnel. Cette partie manuelle amont du processus ne sera pas, à tort, revisitée lorsque cette entreprise décide de changer son logiciel de paie.

Un autre facteur de performance consistera à ne pas se contenter de réduire les coûts mais à rechercher également la création de valeur. Simplement, dans les calculs de taux de rentabilité de l'investissement, cet impact est plus difficile à évaluer.

Par exemple, pour créer de la valeur, l'idéal sera de profiter de l'introduction du SIRH pour définir une démarche de développement des compétences et de gestion des carrières, et ensuite d'adapter le contenu du SIRH en conséquence.

Standardiser et simplifier mais avec modération

Sus aux tâches inutiles

La suppression des tâches inutiles et, autant que possible, la simplification des autres tâches sont des leviers puissants d'efficacité. Il faut faire la chasse aux « usines à gaz », aux processus trop lourds et sophistiqués.

Certaines démarches de Gepec (Gestion prévisionnelle de l'emploi et des compétences), par exemple, étaient inutilement précises et détaillées. L'élaboration d'un référentiel d'entreprise était tellement lourde et complexe qu'elle nécessitait plusieurs années d'effort.

Quand ce travail était enfin terminé, il ne servait plus à rien car l'organisation avait changé, et il fallait recommencer.

Certaines simplifications peuvent être décidées puis appliquées immédiatement. D'autres, comme la simplification d'un système de primes, nécessiteront l'accord des partenaires sociaux.

Le travail de simplification et suppression des tâches inutiles peut intervenir lors d'une démarche de réduction des coûts de type Budget base zéro (BBZ), lors de la préparation d'une certification qualité ou, par exemple, à la suite d'une fusion.

Ainsi, lorsqu'un groupe résulte de fusions successives, un effort d'harmonisation est indispensable et suppose la négociation en parallèle de nouveaux accords collectifs communs à l'ensemble de la société. Ce sera une bonne occasion pour simplifier, par exemple, le nombre de codes de pointage ou de primes. Et l'on n'hésitera pas, pour cela, à faire preuve d'imagination et à rechercher les moyens de lever certaines contraintes existantes.

On tendra alors vers le même schéma de paie, la même structure de rémunération, la même trame d'entretien annuel pour l'ensemble du personnel.

Standardiser et trouver un bon équilibre de centralisation/ décentralisation dans une logique de subsidiarité

• *Rappel de définitions.*

La *standardisation* d'une démarche ou d'un processus consiste à définir pour ces derniers un contenu unique et à l'appliquer de manière identique quel que soit le pays ou la population concernée. La standardisation s'applique donc pour un périmètre défini à l'avance. Par exemple, le système de bonus et l'entretien annuel seront les mêmes pour l'ensemble des cadres d'un pays donné.

La définition des *règles de subsidiarité* consiste à définir, pour chaque variable ou décision RH importante, le niveau où doit se prendre la décision, et la répartition des responsabilités. Par exemple, qui décide le montant de l'augmentation individuelle ou du bonus, qui décide ou valide le paiement des heures supplémentaires ou la mobilité d'un collaborateur, etc.

La logique de subsidiarité s'inscrit dans un cadre de délégation et de décentralisation. Autrement dit, on commencera par clarifier les *critères* justifiant une éventuelle centralisation (par exemple, l'impact financier, le risque social, etc.) et l'on appliquera ces critères aux différentes variables RH. On définira, par exception, toutes les décisions devant être centralisées, les autres restant prises au niveau local.

Pratiquement, on peut par exemple considérer que les décisions et processus concernant les cadres supérieurs et dirigeants seront standardisés et centralisés au niveau de la direction des Ressources humaines du groupe alors que, à l'autre extrémité de la ligne hiérarchique, le personnel d'exécution pourra être géré localement, avec des différences donc d'une division à l'autre et/ou d'un pays à l'autre.

Les concepts de subsidiarité et de standardisation sont interdépendants ; lorsque les règles de subsidiarité conduisent à une centralisation des décisions pour certains thèmes, il en résulte une standardisation des processus concernés par ces décisions.

- *Un effort de standardisation…*

La standardisation est une forme de simplification et conduit donc à une réduction des coûts.

Dans les faits, le degré de standardisation des processus RH dépend de multiples facteurs : le secteur d'activité de l'entreprise, son implantation internationale, son histoire, etc. Deux paramètres apparaissent cependant prépondérants : le degré de standardisation des processus business et la culture du pays d'origine.

Pratiquement, les processus RH seront d'autant plus standardisés que les processus business le seront. On commence généralement par les finances avec une comptabilité et un reporting unifiés, puis on standardise la technique.

En vérité, l'entreprise forme un tout et l'on ne peut pas imaginer par exemple centraliser fortement le fonctionnement des RH dans une entreprise décentralisée, ou inversement.

On aura donc intérêt, quand on définira l'architecture du système RH, à associer largement, et dès le début de la réflexion, des managers opérationnels au choix des principales orientations.

EXEMPLE

Un grand groupe européen de haute technologie résultant de la fusion d'entités allemande, française, anglaise et espagnole mit l'harmonisation de ses méthodes de travail et la « verticalisation » (alignement sur un modèle commun) de ses processus au premier rang de ses priorités.

Les fonctions finances, production et ingénierie furent les premières à s'exécuter. Les fonctions commerciale et Ressources humaines résistèrent plus longtemps, s'appuyant sur le caractère plus qualitatif de leur activité et sur les spécificités locales. Par exemple, pour les RH, le droit du travail et les institutions représentatives du personnel varient de pays à pays.

Finalement, pour les RH, l'introduction du logiciel SAP module RH fut l'occasion (ou le prétexte ?) de réaliser les standardisations jugées indispensables.

Un autre facteur discriminant est la culture du pays d'origine. On constate ainsi que les grands groupes américains standardisent bien plus leurs processus RH que les groupes européens.

- *… Mais avec modération.*

Une standardisation trop poussée, sans tenir compte des réalités locales, n'est pas toujours un levier d'amélioration des performances.

Là encore, tout est question de bon sens et d'équilibre. Autant la gestion des cadres supérieurs et dirigeants doit être centralisée, autant celle du personnel d'exécution, plus soumise aux conventions collectives et règles du droit social, pourra rester locale.

Si tous les processus RH d'un groupe international sont totalement standardisés, on risque d'aboutir à une construction intellectuelle déconnectée des réalités locales. De plus, le travail des équipes RH des différents pays sera vidé d'une grande partie de son intérêt car ces dernières se contenteront d'appliquer des règles définies au siège du groupe, souvent situé à des milliers de kilomètres de distance. Enfin, la réactivité et la capacité d'évolution seront faibles car, si un processus n'est plus adapté pour un pays donné, il faudra attendre l'accord de tous les autres pays pour pouvoir le modifier.

Il faut donc bien avoir à l'esprit que le fait de standardiser un processus pour pouvoir l'introduire dans un progiciel de type ERP ne signifie pas forcément l'unifier au niveau de la totalité du groupe.

Dans certains cas, des différences par pays et/ou par fonctions et entités seront nécessaires et tout à fait compatibles avec le fonctionnement d'un ERP à condition de réaliser les bons paramétrages.

Mieux vaut donc investir du temps en amont pour bien définir, thème par thème, les règles de standardisation et de subsidiarité les plus pertinentes.

Clarifier et optimiser les règles de mutualisation, externalisation et délocalisation

Si les logiques de standardisation et subsidiarité (centralisation/décentralisation) caractérisent plutôt le processus de décision, les règles de mutualisation, externalisation et délocalisation visent quant à elles à optimiser l'organisation et la répartition des tâches.

Mutualisation, externalisation et délocalisation, des concepts distincts mais interdépendants

• *Des concepts distincts…*

Concrètement, la *mutualisation* consiste à mettre en commun des ressources et/ou des compétences afin de bénéficier d'économies d'échelles et/ou de ressources rares.

EXEMPLE

Ce sera la création d'un centre de services partagés pour mutualiser l'élaboration de la paie de plusieurs filiales.

Ce pourra aussi être l'existence d'un service de formation commun à l'ensemble des usines du même groupe : ce service définira puis réalisera des formations communes mais disposera d'un correspondant formation au sein du service du personnel de chaque usine.

L'*externalisation* est souvent le stade ultime de la mutualisation. Une entreprise commence par créer un ou plusieurs centres de services partagés dans le domaine des RH puis envisage éventuellement de les externaliser, autrement dit de transférer ces activités à une autre entreprise spécialisée dans ce genre de prestations afin de pouvoir réduire encore plus ses dépenses et/ou bénéficier de compétences spécifiques.

EXEMPLE

Typiquement, une petite ou moyenne entreprise externalisera sa paie et ses déclarations sociales annuelles et, en matière de droit social, s'adressera à des cabinets de juristes extérieurs à l'entreprise.

L'externalisation ne se limitera pas aux PME et pourra aussi concerner de grandes entreprises qui externaliseront tout ou partie de leur processus paie ou une partie de leur processus recrutement.

La *délocalisation* est une forme de mutualisation ou d'externalisation : dans un objectif de réduction des coûts, certaines tâches supposées à moindre valeur ajoutée seront délocalisées vers des pays dont les coûts de main-d'œuvre seront plus faibles.

EXEMPLE

Un grand groupe électronique utilise pour l'ensemble de l'Europe les services d'un « call center » Ressources humaines situé en Hongrie.

Un autre groupe a externalisé sa paie auprès d'un prestataire important qui a délocalisé en Inde une partie de ce travail.

Cette délocalisation pourra se faire avec du personnel employé directement par le groupe d'origine et sera donc alors une forme particulière de mutualisation interne ou pourra être réalisée à l'occasion d'une externalisation.

- ... *Mais des concepts interdépendants.*

La standardisation est un préalable à la mutualisation et l'externalisation est une forme de mutualisation.

En revanche, une mutualisation ne conduit pas forcément à une centralisation des décisions au niveau du siège. Et une standardisation peut être réalisée sans mutualisation. Par exemple, l'entretien annuel est standardisé dans sa démarche et sa trame, mais il est forcément réalisé localement.

Quelques facteurs clés de succès

Alors que les choix sur le niveau de standardisation et centralisation doivent logiquement refléter le style de management global de l'entreprise, les thèmes abordés ici sont de nature plus quotidienne et opérationnelle.

- *Rechercher une évaluation objective des différentes options.*

Trop souvent, les décisions sont biaisées par des considérations de pouvoir et/ou d'intérêt. Tel cadre supérieur pourra trouver dans la création d'un centre de services partagés une opportunité de promotion, tel autre en revanche perdra l'essentiel de ses attributions et devra chercher un autre poste.

Il faut aussi prendre garde aux effets de mode : mutualiser est souvent utile à partir d'une certaine taille mais se lancer dans cette aventure parce que les autres l'ont déjà fait n'est pas suffisant.

- *Mener une analyse économique intégrant l'ensemble des impacts.*

Une analyse économique complète tiendra notamment compte des aspects suivants.

Risque-t-on de réduire les coûts de la fonction support pour augmenter ceux supportés par les opérationnels ? Par exemple, on augmente le nombre d'introductions réalisées directement par les opérationnels au moyen de transactions pas vraiment conviviales, d'où des pertes de temps et des risques d'erreurs.

A-t-on bien pris en compte la nécessité d'interfaces entre le centre de services partagés et les entités opérationnelles ?

EXEMPLE

Dans l'entreprise Lambda, chaque grande direction disposait de sa propre équipe Ressources humaines.

Dans un premier temps, ces équipes ont été supprimées avec la création du centre de services partagés. Mais on s'est rapidement aperçu que les collaborateurs de ce centre, situé à plusieurs centaines de kilomètres, ne pouvaient pas facilement répondre aux besoins de dialogue quotidien des opérationnels : compréhension de la feuille de paie incluant le treizième mois, rectification d'une erreur, etc. Des correspondants locaux de gestion administrative, dont le coût n'avait pas été prévu dans le projet initial, ont donc dû être nommés pour garantir la qualité de l'interface et assurer le bon fonctionnement au quotidien.

Comment éviter toute dégradation future de la qualité du service ?

Il faut commencer par identifier les bons critères puis la manière d'apprécier leur évolution (quels indicateurs ou autres repères contrôlables ?). Ensuite, il faut évaluer l'impact probable des réorganisations envisagées sur l'évolution de ces indicateurs. S'il y a un risque de dégradation, il faut édicter des mesures pour le prévenir et prévoir leur coût.

EXEMPLE

Avant d'externaliser la fonction recrutement, on précisera bien ce qu'est un bon recrutement, non seulement son coût mais aussi son délai et un mode d'évaluation du taux de succès, une fois l'embauche réalisée.

- *Pour bien anticiper les impacts et prévenir les risques de dérive, prévoir à l'avance le futur système de pilotage.*

Autrement dit, comment la direction des RH maître d'ouvrage pilotera-t-elle sa relation avec le ou les centres de services partagés internes ou externes ?

Quel sera le contenu du contrat liant les deux parties ?

Quelles seront les règles du jeu économiques : comment seront facturés les travaux complémentaires non prévus, comment seront partagés les gains de productivité et financés les nouveaux investissements, etc. ?

Comment sera évaluée et suivie la qualité du service, sur la base de quels indicateurs, et calculés par qui ?

Quel sera le mode d'animation et de suivi ?

Qui sera responsable du reporting ? Y aura-t-il des revues régulières conjointes pour examiner les résultats, avec quelle préparation et quelles conséquences ?

En s'efforçant de répondre à toutes ces questions, on définira à l'avance tout à la fois la mission et les résultats attendus du centre de services partagés.

Les différentes formes d'organisation

L'optimisation de l'organisation a déjà été évoquée dans les logiques de mutualisation ou de subsidiarité. Mais elle est un levier puissant de la performance RH et mérite d'être abordée de manière spécifique.

Concrètement, il est souhaitable de remettre en question tous les 3 ou 4 ans l'organisation de la fonction RH à moins que cette réflexion ne soit rendue nécessaire suite à un événement extérieur : fusion, déploiement d'un ERP, etc.

De préférence, ce travail devrait commencer par une réflexion globale sur le « business model » de la fonction avant d'en tirer les conséquences détaillées.

La vision globale et ses problématiques : le « business model » de la fonction

Un certain nombre de questions de fond devront être traitées, Leur liste, proposée ci-après, constitue une ébauche de guide d'analyse.

En premier lieu, on l'a vu, il faudra préciser la logique de centralisation/ décentralisation dans le respect des principes de subsidiarité.

Par ailleurs, doivent être arrêtés les critères déterminants de définition des principales entités de la structure RH :

• *Les principaux rôles du « business model ».*

On pourra se référer aux rôles proposés au chapitre 6 de la partie III : expert de domaine et processus, producteur de prestations, « business partner » et coordonnateur pays.

• *Un découpage par populations opérationnelles.*

On aurait ainsi un service RH couvrant l'ensemble des domaines de la fonction pour le personnel des usines, un autre pour les équipes commerciales, etc., dans une logique de polyvalence au service d'un même client.

• *Un découpage par grands domaines et métiers.*

C'est l'organisation la plus fréquente des structures RH avec par exemple un département « Développement des Ressources humaines », un département « Relations sociales » et un département « Gestion administrative et paie ».

• *Une organisation par grands processus transverses.*

Une équipe serait affectée à chacun des grands processus.

EXEMPLE

Le service « Gestion des postes vacants » couvrirait à la fois l'affectation de collaborateurs à ces postes par mobilité interne ou recrutement externe, et ses conséquences en matière de paie et de gestion administrative.

On doit aussi préserver une capacité de flexibilité et d'adaptation. Pour ce faire, on favorisera la collaboration transverse entre les différentes équipes. On pourra aussi envisager la création d'une petite équipe de chargés d'affaires polyvalents affectés aux nouveaux projets en fonction des besoins.

Il n'existe pas, dans l'absolu, de schéma d'organisation unique préférable à tous les autres. Souvent, la réalité sera fonction des circonstances et du choix des hommes avec la juxtaposition possible de plusieurs logiques, par exemple des « business partners » par populations s'appuyant sur le support amont d'experts par grands domaines ou processus.

Il importera simplement de se poser les bonnes questions dans le cadre d'un schéma global cohérent et de ne jamais oublier qu'une organisation n'est qu'un moyen au service de priorités et d'un projet. Enfin, on veillera à faire valider le schéma final par le management.

Les modalités pratiques de mise en œuvre

Tout d'abord, celle-ci doit s'élaborer dans le respect des collaborateurs : il s'agit de « bien traiter les perdants ». Dans une réorganisation, il y a toujours des « gagnants » et des « perdants ». On veillera à recevoir individuellement chaque personne recevant une nouvelle affectation et à avoir le courage d'expliquer aux « perdants » les raisons de la décision, tout en recherchant avec eux d'autres perspectives d'évolution future.

Puis il s'agit de bien communiquer sur la nouvelle organisation, sa lisibilité et son partage. Il faut partager les raisons du changement d'organisation et donc éclairer sur le diagnostic de la non-adaptation de l'organisation précédente aux nouveaux enjeux.

De plus, la logique de la nouvelle organisation doit être lisible et aisément compréhensible. Enfin, on veillera à bien communiquer la nouvelle situation aux opérationnels : à la fois la logique du changement et son application détaillée. Chaque opérationnel doit savoir rapidement quels seront ses nouveaux interlocuteurs pour la paie, le recrutement, la formation, etc.

EXEMPLE

Dans le groupe industriel Lambda, chaque département de l'usine de Lille avait son correspondant RH dédié qui était de fait l'interlocuteur unique des opérationnels.

Dans un souci de réduction des coûts, ces postes ont été supprimés et remplacés par différents canaux complémentaires :

- Un call center pour les problèmes courants de gestion administrative et de formation.
- Des correspondants dans des équipes centrales mutualisées pour les questions relatives aux relations sociales et au droit du travail.

Les opérationnels perdront du confort dans cette réorganisation. Peut-être, après un certain délai d'apprentissage y gagneront-ils en réactivité et fiabilité des réponses.

Dans tous les cas, Il faudra bien leur expliquer le sens de la nouvelle organisation et ses modalités pratiques d'application.

On veillera également à bien prévoir la mise en forme et la traçabilité dans le cadre d'une démarche qualité. Bien sûr, les organigrammes seront refaits. Mais cela ne suffit pas. Il faudra par exemple mettre à jour les descriptions d'emplois types de la démarche compétences.

Enfin, il faut veiller à la logistique, qui est le « nerf de la guerre », et qui ne suit pas toujours ! Quelles seront les conséquences de la réorganisation sur l'affectation des bureaux ? Faut-il reparamétrer certaines applications informatiques ? Entre autres choses, qui remettra à jour l'annuaire interne de téléphone ?

La productivité individuelle

Elle résultera des comportements individuels dans le cadre de méthodes de travail définies à l'avance.

Concrètement, les leviers disponibles sont généralement bien connus. Ils ne sont pas spécifiques au domaine des RH et ne seront cités que pour mémoire. Ils conjuguent trois axes complémentaires.

Le développement des compétences et la professionnalisation

On peut distinguer deux familles de compétences nécessaires.

Les connaissances de base du métier

Peuvent être citées les connaissances en droit du travail, la maîtrise des processus de recrutement, etc. Ce socle de base est généralement satisfaisant.

Son contenu devrait logiquement résulter d'une démarche compétences avec l'identification des compétences requises pour les différents processus et/ou emplois types de la fonction RH. Lors de l'entretien annuel d'évaluation, les insuffisances éventuelles seraient repérées et un plan de développement personnel sera élaboré pour pouvoir les corriger.

C'est une des missions de la structure RH de déployer ces démarches auprès de l'ensemble du personnel mais elle ne les applique pas toujours à ses propres collaborateurs : le cordonnier est souvent le plus mal chaussé !

Enfin, il faut veiller à mettre à jour les compétences requises en fonction des nouvelles évolutions, par exemple lorsqu'il faudra implanter un nouveau SIRH. Si la formation est insuffisante ou trop tardive, les temps de démarrage seront plus longs et les dysfonctionnements plus nombreux.

La formation aux nouveaux rôles du « business model » RH

L'exercice d'un rôle d'expert de processus ou de «business partner» ne s'improvise pas. Quels sont les résultats attendus et facteurs clés de succès de ces nouvelles missions ? Certaines sociétés ont à juste titre organisé de nouvelles formations sur les attendus de ces rôles.

Comme tous les experts des fonctions support (contrôle de gestion, communication, systèmes d'information, etc.), les collaborateurs de la fonction RH ne seront efficaces que s'ils ont bien assimilé les missions et enjeux de leurs partenaires opérationnels. Et cela ne s'obtient pas toujours spontanément. Il est souvent utile de prévoir des dispositifs particuliers, pas forcément des formations, mais par exemple des stages de courte durée sur le terrain.

EXEMPLE

Dans un laboratoire pharmaceutique, une partie importante du personnel est constituée par les visiteurs médicaux.

Ces collaborateurs itinérants passent leur vie sur la route pour aller visiter les médecins prescripteurs et les informer sur les nouveaux médicaments développés par leur laboratoire.

Une équipe RH est généralement placée en support de la direction de ce personnel. Il serait bon que chacun de ses professionnels ait passé deux ou trois jours à accompagner un visiteur médical dans ses visites pour mieux appréhender les contraintes de leur métier.

L'encouragement et la motivation

La communication et les leviers de reconnaissance sont-ils suffisants ? Il y a la reconnaissance qualitative avec la visibilité des efforts accomplis, l'existence d'un bon management de proximité, etc. Mais la reconnaissance quantitative basée sur des règles équitables de partage des résultats obtenus nous semble également indispensable.

La pression managériale

À condition d'être réalisée de manière intelligente, elle aura également un impact sur la productivité individuelle et donc sur la performance globale.

EXEMPLE

Dans l'entreprise Lambda, des ratios de performance individuelle ont été établis par types d'activités : le nombre d'appels téléphoniques par personne et par jour pour le call center ; le nombre de bulletins de paie vérifiés par jour et par personne, etc.

Des primes individuelles et des primes d'équipes permettent de récompenser le respect ou le dépassement de ces normes.

La recherche de financements extérieurs pour des projets RH spécifiques

Des financements locaux, nationaux et même européens peuvent être disponibles pour certains projets RH. Cela peut être le cas pour les créations d'emplois mais aussi pour les programmes de formation d'une certaine importance. Dans le second cas, on peut recourir à des consultants spécialisés dans ce type de recherche qui se rémunèrent à la commission sur les fonds collectés.

CHAPITRE 4

Les principaux leviers
pour la création de valeur

Nous abordons ici une autre nature de leviers de performance moins orientée vers la réduction des coûts mais bien plutôt vers le développement des Ressources humaines, la qualité du dialogue social et la motivation de l'ensemble du personnel.

En vérité, certains des leviers précédents contribueront également à la création de valeur ; par exemple, la démarche processus et le SIRH favoriseront l'efficacité du développement des compétences et de la formation. La recherche de standardisation et de simplification, la clarification des règles de subsidiarité et le développement de la productivité individuelle seront également nécessaires.

Mais d'autres leviers de nature plus qualitative prendront également de l'importance.

Humaniser les critères de sélection
et de promotion des managers

La performance économique dépend, notamment sur le plan interne, de la bonne utilisation des ressources financières et humaines.

Pour les RH, on parle souvent de capital humain avec, comme le montre le schéma ci-après, deux leviers complémentaires et successifs de performance : l'existence d'un capital humain de qualité puis son optimisation.

Qualité potentielle du capital humain : Embauche, évaluation, promotion, développement des compétences	Critères d'optimisation de l'utilisation de ce capital : Motivation, politique de reconnaissance et de rémunération, dialogue social et cohésion du corps social, style de management	Performance économique

Pour progresser sur ces différents thèmes, un certain professionnalisme dans les outils et démarches engagés sera nécessaire mais pas suffisant.

L'essentiel résidera sans doute dans les valeurs et les qualités morales des managers, même si cela apparaît un peu « ringard » : Quel est leur courage dans les situations conflictuelles, leur qualité d'écoute, leur capacité à oublier leurs intérêts personnels à court terme dans une logique de solidarité, etc ? Et aussi, sont-ils évalués, sélectionnés et promus selon ces critères ?

Partager une logique de performance économique durable

Il en est de même d'une certaine manière pour le capital matériel et pour le capital humain. À court terme, on peut améliorer les résultats financiers en réduisant la maintenance préventive au strict minimum, mais cela finit toujours par se payer.

De même, on constate trop souvent, quand la situation économique s'aggrave, une réduction drastique des budgets de formation.

A contrario, une logique partagée de performance économique durable suppose à la fois une volonté de la direction générale d'investir dans le développement de ses ressources humaines et une continuité dans l'effort. Ensuite, cette volonté se déclinera tout au long de la ligne hiérarchique.

> **EXEMPLE**
>
> Dans le référentiel des compétences requises des emplois types de mana-
> gers, on n'oubliera pas d'inclure le développement de leurs propres équipes
> (volume de formation, détection de potentiels, promotions internes). Ils
> seront aussi évalués sur ce critère lors de leur entretien annuel et pas seule-
> ment sur la réalisation de leur budget ou de leurs objectifs commerciaux.

Pour une approche systémique
et une stratégie de diffusion adaptée

Des universitaires américains ont tenté de mesurer, par des analyses
de régression statistique, le degré de corrélation entre le volume de
l'investissement dans les principales pratiques de RH et les performances finales en termes de qualité, productivité et rentabilité.

Le principal enseignement à tirer de leurs travaux est l'existence
d'un effet de seuil caractérisé par la courbe suivante :

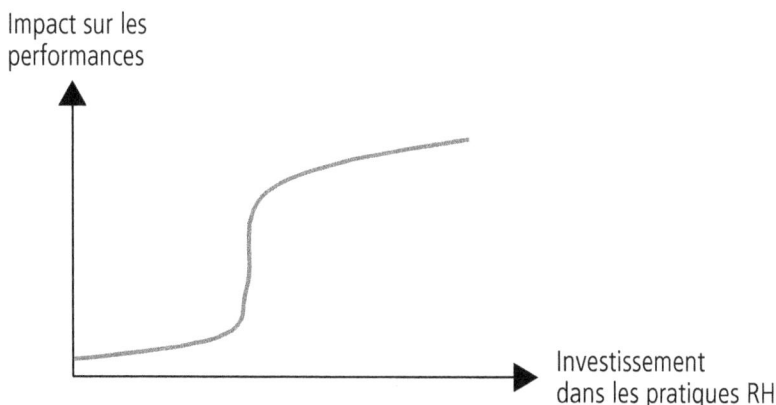

Autrement dit, les premiers investissements dans la formation, les
perspectives de carrière, la communication interne, etc., n'auront
qu'un impact faible.

Mais, au-delà d'un certain seuil, il se produit une rupture qualitative, on note un changement en profondeur du mode de fonctionnement et les signes d'une confiance partagée.

Il faut donc, pour réussir, combiner la mise en place coordonnée de plusieurs démarches de développement des RH. Mais il ne s'agit pas de juxtaposer de manière désordonnée différents outils.

On commencera au contraire par définir une architecture, une cible fonctionnelle à moyen terme comportant la définition des interfaces et du langage commun afférents. Ensuite, le chemin pour la réaliser pourra prendre plusieurs années.

Le schéma de synthèse ci-après présente une architecture cible avec les interfaces associées.

L'ENCHAÎNEMENT DES PRINCIPALES DÉMARCHES RH

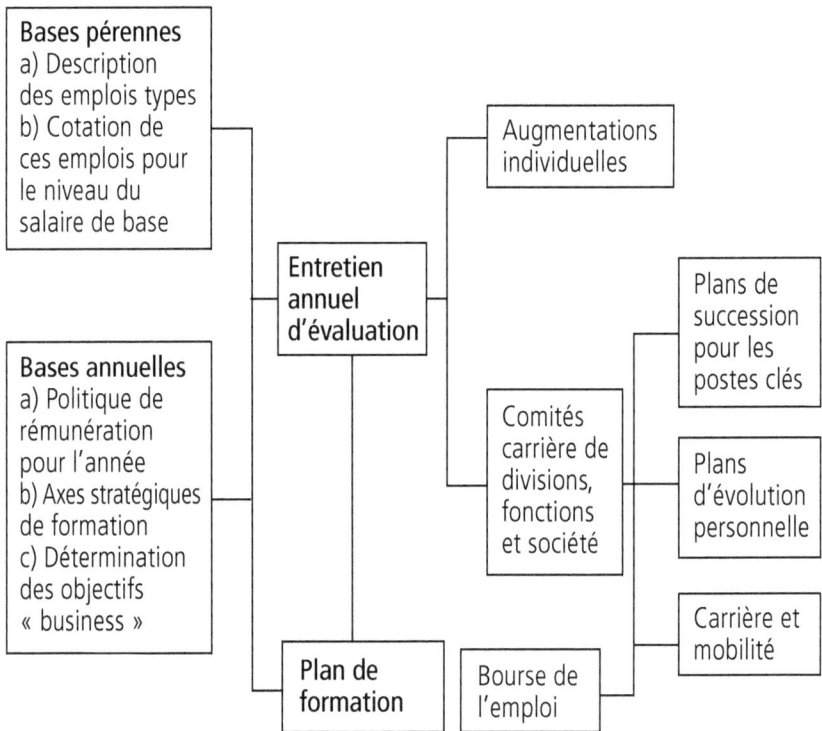

Le copilotage avec le management

L'élaboration et l'amélioration continue du système de développement des RH relève d'abord de la responsabilité des managers avec la structure RH en support, notamment sur le plan des méthodes.

Dans la réalité, l'inverse se produit parfois avec une délégation/ abandon par les managers de la responsabilité du développement de leurs collaborateurs aux experts fonctionnels.

À court terme, une telle situation peut sembler confortable pour tout le monde. La structure RH y gagne l'illusion du pouvoir et les managers allègent leurs responsabilités. Mais, à moyen terme, c'est l'échec assuré.

CHAPITRE 5

Les étapes du projet

Nous avons identifié dans les chapitres précédents les principaux leviers de développement de la performance RH. Il importe désormais de les articuler dans un projet cohérent. Les principales étapes de ce projet pourraient être les suivantes.

Étape 1 : définition de la cible et organisation en mode projet

Définition de la cible

Elle comporte elle-même deux phases.

Une claire identification des variables et indicateurs

On partira de la définition de la performance RH rappelée au chapitre 1, en s'efforçant de ne pas se limiter à l'approche défensive de réduction des coûts.

On pourra, par exemple, retenir trois axes complémentaires d'amélioration de la performance RH :

- La réduction des coûts.

- L'amélioration de certains résultats transverses.
  - Il s'agit des accidents du travail ou de l'absentéisme, du développement des compétences évalué dans le cadre de la

démarche compétences ou de la motivation des salariés en l'appréciant au moyen d'enquêtes d'opinion internes, du taux de turn-over non sollicité ou de tout autre repère.

– L'amélioration des indicateurs de qualité du service associés aux principaux processus RH.

• Il s'agit par exemple de la qualité du processus recrutement.

Définir pour ces variables l'ordonnée à l'origine, la cible à atteindre et le chemin pour y parvenir

Sur ce plan, la théorie est aisée mais la pratique est bien plus difficile.

Ainsi, techniquement, le coût complet des principaux processus RH est-il souvent difficile à évaluer avec précision car il n'est généralement pas calculé par la comptabilité analytique.

On tentera alors manuellement d'estimer le nombre de personnes affectées à ces processus puis de le valoriser par des standards (*cf.* § « Les aspects défensifs », p. 10).

Par ailleurs, psychologiquement, une tentation à éviter sera de se fixer des cibles trop volontaristes pour faire accepter le principe du projet dont on s'empressera vite ensuite d'oublier l'existence.

Néanmoins, malgré ces difficultés, il nous semble important de bien définir l'importance des progrès attendus sur les différents axes avant de construire le plan d'action permettant de les réaliser.

EXEMPLE

L'objectif est d'améliorer les performances en matière de sécurité au travail de l'usine Lambda.

La cible est ambitieuse : réduire de 10 % à la fois les coûts engagés et le nombre d'accidents du travail. Mais, au-delà des interrogations éventuelles sur la possibilité d'atteindre une telle cible, il n'est pas évident de la chiffrer avec quelque rigueur.

Qu'inclure dans les coûts ? Seulement les dépenses de formation des opérationnels et la masse salariale du collaborateur de la structure RH affecté à ce dossier ? Faut-il inclure également le temps passé par les opérationnels lors des audits de sécurité ?

Et pour l'évaluation du résultat, autrement dit l'évolution du nombre d'accidents du travail, faut-il se contenter des salariés de l'entreprise ou inclure aussi les prestataires travaillant sur le site ?

Enfin, il serait logique de raisonner à périmètre constant et donc d'éliminer l'impact dû à l'évolution de l'effectif de l'usine pendant la période considérée.

L'organisation en mode projet

Le contenu du projet

- *Le découpage du projet «amélioration de la performance RH» en modules.*

Ce découpage reposera sur un croisement entre les leviers d'amélioration de la performance (le SIRH, les efforts de mutualisation, le reingeniering des processus, etc.) et les domaines d'application (paie, formation, gestion des carrières, etc.).

On devrait aboutir à 4 ou 5 modules animés par des responsables, eux-mêmes coordonnés par le chef de projet.

- *La rédaction pour chacun de ses modules, ou sous-projets, d'une fiche de lancement.*

Elle comprendra les étapes, les ressources nécessaires et les résultats attendus.

La répartition des responsabilités

On aura classiquement une équipe projet constituée de contributeurs, généralement à temps partiel, et animée par un chef de projet.

L'idéal serait que le chef de projet soit une ressource dédiée à plein temps au projet et que les principaux contributeurs soient soulagés d'une partie de leurs tâches opérationnelles pendant la durée du projet. Cela sera cependant rarement le cas, notamment dans les entreprises petites ou moyennes. On s'efforcera alors d'éviter les discours trop volontaristes : la réalité finit généralement par avoir gain de cause et les projets ne disposant pas des ressources nécessaires s'étirent dans le temps et ne sont que peu souvent couronnés de succès.

49

Le chef de projet dépendra fonctionnellement d'un «sponsor» ou «pilote stratégique», a priori le DRH membre du comité de direction, qui déterminera les grandes orientations.

Enfin, celles-ci seront validées dans le cadre d'un comité de pilotage.

On retrouve là les bases classiques de la gestion de projet avec cependant une particularité : on veillera autant que possible à ne pas rester entre professionnels de la fonction RH et à associer aussi vite que possible des managers, y compris dans le comité de pilotage. Après tout, ce sont eux les principaux clients de la fonction RH et ils ont leur mot à dire sur les performances attendues.

On pourrait même envisager que le projet soit animé par un binôme constitué par un professionnel de la fonction RH et par un manager et/ou que les sponsors soient le DRH et un dirigeant opérationnel membre du comité de direction.

Étape 2 : diagnostic détaillé et définition du plan d'action

On précisera dans cette étape le contenu de chacun des modules.

La démarche est matricielle et peut être résumée dans le tableau de la page suivante qui croise les domaines et les leviers d'amélioration.

On pourrait envisager une notation de 1 à 4 indiquant le degré de contribution des leviers aux domaines, 4 étant la contribution maximale.

On pourra alors par exemple supposer que, dans beaucoup d'entreprises, les leviers de productivité collective bénéficieront de la note 4 pour leur contribution au domaine «gestion administrative et paie».

De même, les leviers de création de valeur auront une note de contribution supérieure pour les domaines de développement des RH plus hygiène, sécurité et conditions de travail.

Il nous a semblé cependant artificiel de renseigner ce tableau de manière standard car chaque entreprise privilégiera certains leviers par rapport à d'autres en fonction de ses spécificités et du niveau d'excellence de ses domaines RH.

LEVIERS		PRODUCTIVITE COLLECTIVE			PRODUCTIVITE INDIVIDUELLE			CREATION DE VALEUR		
Domaines		Demarche processus	SIRH	Standardisation et simplification	Mutualisation et externalisation	Developpement des competences et motivation	Pression manageriale	Qualites humaines des managers	Logique de performance durable	Approche systemique de developpement des RH
La mise à disposition des ressources emploi et compétences	La dimension opérationnelle à CT Gestion quantitative Gestion qualitative									
	L'anticipation : La Gepec									
L'optimisation de l'utilisation des ressources	La dimension économique Rémunération et protection sociale Contrôle de gestion social									
	Le dialogue social									
La dimension stratégique et la conduite du changement	La gestion des cadres dirigeants									
	La réflexion stratégique et l'anticipation									
	L'accompagnement opérationnel de la conduite du changement									
Le support logistique	La gestion administrative et la paie									
	Le fonctionnement interne de la fonction RH									

.../...

LEVIERS		PRODUCTIVITE COLLECTIVE			PRODUCTIVITE INDIVIDUELLE		CREATION DE VALEUR		
Domaines		Demarche processus	SIRH	Standardisation et simplification	Mutualisation et externalisation	Developpement des competences et motivation	Pression manageriale	Qualites humaines des managers	Logique de performance durable	Approche systemique de developpement des RH
Le support logistique	La gestion administrative et la paie									
	Le fonctionnement interne de la fonction RH									
La périphérie de la fonction	La communication interne									
	La qualité du management et l'organisation									
	Les conditions de travail, santé et sécurité									
	Le développement durable									

En revanche, le pilote du projet « performance RH » aura intérêt à le renseigner à partir des réalités de sa propre entreprise. Ce sera une des étapes du diagnostic détaillé et de la définition du plan d'action.

Concrètement, le pilotage du projet devra raisonner simultanément selon trois axes : le choix des domaines et processus, celui des performances attendues et celui des leviers à mettre en œuvre. Il aura donc intérêt à se poser successivement deux questions.

Les progrès attendus

Quels sont les progrès attendus ? Autrement dit, quels sont les domaines et processus pour lesquels l'entreprise doit progresser en priorité et selon quels axes de performances ?

EXEMPLE

Faut-il commencer par réduire le coût de la gestion administrative et/ou le délai des recrutements et/ou la qualité du dialogue social et/ou le nombre d'accidents du travail ?

Une autre approche consistera à commencer par sélectionner l'axe de performance prioritaire, par exemple la réduction des coûts puis à identifier les domaines concernés.

Les leviers à mobiliser

Quels leviers mobiliser pour atteindre cette cible et réaliser ces progrès ? La matrice domaines/ leviers renseignée précédemment aidera à prendre cette décision.

Schéma de synthèse

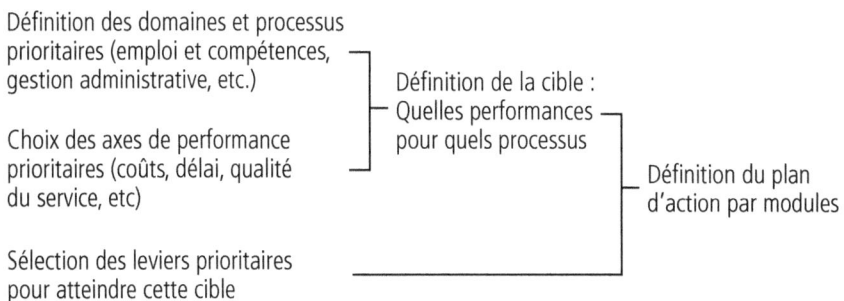

Définition des domaines et processus prioritaires (emploi et compétences, gestion administrative, etc.)

Définition de la cible : Quelles performances pour quels processus

Choix des axes de performance prioritaires (coûts, délai, qualité du service, etc)

Définition du plan d'action par modules

Sélection des leviers prioritaires pour atteindre cette cible

Étape 3 : déploiement de la mise en œuvre

Définir le plan d'action, c'est bien… Toutefois, ce qui est important, ce n'est pas de le définir mais de le réaliser.

Pour ce faire, on appliquera le fonctionnement en mode projet défini précédemment en planifiant rigoureusement les étapes et en accordant une attention particulière à la communication et la recherche d'appropriation.

Étape 4 : bilan du projet et modalités du pilotage de l'amélioration continue

Classiquement, la dernière étape d'un projet bien mené est sa phase de clôture et de bilan.

La fin du projet ne signifie pas l'achèvement des efforts d'amélioration de la performance RH.

Simplement, on passe d'un fonctionnement en mode projet, avec une volonté d'affichage et de rupture, à la recherche permanente d'une amélioration continue par les responsables des différents domaines dans le cadre de leur mission de base.

Partie 3

Piloter la performance Ressources humaines

Après avoir défini puis développé la performance Ressources humaines, il convient maintenant de piloter son évolution.

À dire vrai, les deux dernières étapes sont plus simultanées que successives. Une fois sa définition arrêtée, le pilotage de la performance RH ne suit pas mais accompagne son développement.

La présentation du système de pilotage comporte deux chapitres.

Tout d'abord, le chapitre 6 est consacré au rappel des composantes de base de tout système de pilotage rigoureux. Il faut en effet satisfaire à quelques préalables : une architecture claire des différentes composantes, une répartition précise des responsabilités et une sélection des objectifs RH prioritaires.

Ensuite, on élaborera ou on mettra à jour le référentiel RH constitué de deux parties : d'une part, la conduite du changement avec le choix des objectifs stratégiques et des projets pour les atteindre ; d'autre part, l'amélioration des performances de la mission de base avec les politiques et processus.

Exprimer ce que l'on souhaite faire est bien, mais il est encore mieux de s'assurer que l'on fait bien ce que l'on avait prévu, d'où la nécessité de construire ensuite un bon système de suivi et de contrôle.

On touche là à une des faiblesses les plus fréquentes de la fonction RH. La logique de contrôle ne fait pas vraiment partie de sa culture, des réflexes naturels de ses responsables. Nous proposons d'articuler ce système de contrôle autour de trois axes : le pilotage vertical, l'animation transverse et l'audit interne.

Pour illustrer concrètement notre propos, nous approfondissons la gestion des deux composantes essentielles du système de pilotage, à savoir les projets et les processus avec, à l'appui, des exemples de trames détaillées d'analyse.

Enfin, nous abordons plus brièvement le contenu et les modalités de l'autre dimension du pilotage, plus qualitative, qui repose sur la communication et la motivation.

Développer un système de pilotage rigoureux pour la fonction RH représente en quelque sorte la première étape de la courbe d'apprentissage.

L'objet du chapitre 7 est de montrer comment on met ensuite ce système de pilotage au service de l'évaluation de la création de valeur. L'exercice est plus difficile et plus innovant.

Il faut notamment être en mesure de résoudre deux difficultés : surmonter les réticences culturelles et disposer de méthodes d'évaluation fiables et rigoureuses.

On notera que la méthode proposée ne s'applique pas seulement aux efforts de développement des RH, mais également à l'analyse d'événements plus douloureux, comme les délocalisations et les restructurations.

Après l'expression de ces préalables, un tableau de synthèse permet de résumer les différentes formes d'utilisation de cette évaluation de la création de valeur RH.

Enfin, pour illustrer de manière plus concrète l'application de la méthode, quatre exemples de mesure de la création de valeur sont présentés : l'étude d'un projet « sécurité du travail », la formation, l'impact économique du SIRH, et l'utilisation d'enquêtes auprès des opérationnels pour apprécier le contenu et la qualité du service de la structure RH.

CHAPITRE 6

Un système de pilotage rigoureux

Quelques préalables

Superficiellement, élaborer un bon système de pilotage est un projet technique qui peut être confié à des spécialistes. Mais il en va autrement dans la réalité : certaines conditions plus politiques doivent être au préalable satisfaites, requérant une vision commune caractérisée par une architecture partagée, et surtout une clarification des objectifs et des responsabilités des principaux acteurs.

Clarification du périmètre, de l'architecture et du langage commun

L'évaluation et le pilotage des performances RH reposent sur un travail collectif, ce qui suppose donc une appropriation et un partage des principales définitions et méthodes d'analyse.

Le chapitre 1 de la première partie a permis de définir le cadre de référence, à savoir la mission et le périmètre de la fonction RH avec la liste de ses domaines.

Il s'agit maintenant de préciser les notions propres au système de pilotage.

L'architecture et les différentes composantes du référentiel

Le référentiel RH comprend l'ensemble des normes et objectifs RH qui doivent être respectés. Ils sont regroupés en politiques, processus, objectifs stratégiques et projets.

Le schéma suivant en résume l'architecture d'ensemble.

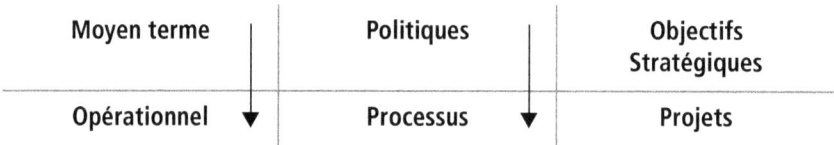

Moyen terme		Politiques		Objectifs Stratégiques
Opérationnel ▼		Processus ▼		Projets

Définissons de manière plus précise ces différentes composantes.

Tout d'abord, les *politiques* proposent, pour un domaine donné, une orientation dans la durée reflétant les valeurs et le style de management.

Toute politique RH doit contenir une intention stratégique.

EXEMPLE

La politique de passage cadre ne doit pas se limiter au respect de l'accord syndical.

Une politique formation vise à améliorer la performance globale (déplacement positif de la courbe de Gauss des performances individuelles) et l'employabilité future du personnel.

Les politiques seront en nombre restreint mais leur application devra être contrôlée pour éviter qu'elles ne se transforment en un catalogue de bonnes intentions.

Elles seront ensuite déclinées en processus opérationnels et leur contenu permettra d'éclairer le choix des valeurs cibles des indicateurs de résultat de ces processus.

Les *processus* forment une succession coordonnée d'activités destinées à satisfaire des clients internes ou externes dans le cadre d'objectifs préétablis. Ils sont répétitifs et standardisés avec des acteurs opérationnels et/ou appartenant à la structure RH.

Leur méthode d'analyse a été présentée dans le chapitre 3 de la deuxième partie.

Les *objectifs stratégiques* RH sont soit une contribution aux objectifs stratégiques business, soit des objectifs spécifiques. Dans tous les cas, ils seront déclinés en *projets* afin d'être réalisés.

EXEMPLE

Les NAO (Négociation Annuelle Obligatoire) sont un processus permettant de mettre en œuvre une politique de rémunération.

Un projet de formation au travail en équipe est au service d'un objectif stratégique de développement des compétences managériales.

Une refonte du processus paie sera traitée en mode projet.

Le cadre même de l'ensemble de ce référentiel est en évolution permanente.

Les *politiques et processus* évoluent plus lentement mais seront adaptés en fonction des évolutions «business» et des performances attendues.

En particulier, les processus seront l'objet d'une recherche permanente d'amélioration des performances en distinguant la simple optimisation du reengineering avec rupture.

Les *objectifs* puis le portefeuille des *projets* et les engagements individuels qui en résultent seront revisités systématiquement dans le cadre du cycle de pilotage annuel.

Les différentes catégories de populations

C'est une autre composante du langage commun qui sera utilisée dans toutes les prévisions puis tableaux de bord de suivi. Autrement dit, on retiendra la même typologie pour, par exemple, le suivi des effectifs, de la masse salariale et les flux de mobilité.

Traditionnellement, on distingue souvent les cadres dirigeants, les autres cadres, les techniciens, les agents de maîtrise ayant une fonction d'encadrement, et le personnel d'exécution (ouvriers et employés).

Mais, au-delà de cette affirmation générale, les difficultés pratiques commencent : quelles sont les limites précises de chacune de ces catégories ? Certaines entreprises utilisent une méthode de cotation de leurs emplois. Il suffit alors de définir chaque catégorie par une fourchette : de x à y points. Dans d'autres cas, les postes sont affectés à des emplois types qui pourront être répartis dans ces familles.

Autre obstacle : certaines notions comme le statut de cadre ne sont pas reconnues à l'international. On pourra alors parler de manager mais le périmètre couvert n'est pas le même et il descend plus bas dans la hiérarchie.

La répartition des responsabilités RH

Cette répartition est importante car elle permet de répartir le pilotage des domaines puis des variables RH vers les acteurs qui en sont réellement responsables.

Elle comporte deux étapes successives. La première concerne la clarification des rôles respectifs des experts de la structure RH et des managers. Contrairement aux apparences, les conclusions de cette première étape ne sont pas évidentes et justifient une analyse détaillée.

Certaines entreprises appliquent en effet à la lettre le principe du « manager premier RH », ce qui se justifie pour le développement de leurs collaborateurs mais pas forcément pour les tâches administratives. De plus, en matière de droit du travail ou d'offre formation, un support sera nécessaire. Enfin, on sollicitera utilement le conseil avec recul d'experts de la structure RH pour orienter les carrières ou gérer les conflits.

À l'autre extrême, d'autres entreprises déresponsabilisent leurs managers avec une direction des RH toute-puissante, ce qui est encore pire.

Une fois les bons équilibres trouvés, la seconde étape consistera à clarifier les responsabilités au sein même de la structure RH.

Pour cette étape, on pourra distinguer les rôles suivants.

Experts propriétaires de processus

Ils n'ont pas de mission opérationnelle. Situés généralement au siège, ils apparaissent comme des supports de deuxième niveau. Ce sont par exemple les experts en rémunération ou en politique de l'emploi.

Production mutualisée de prestations RH

Il s'agit ici des centres de service partagé RH mutualisés et communs à plusieurs sites et/ou à toute l'entreprise. Ils réaliseront par exemple la paie, la production de certaines actions de formation ou de recrutement…

« Business partner » direction

Ce sont les partenaires RH des managers responsables des grandes branches ou fonctions de l'entreprise. Ils jouent un rôle d'intégrateurs des politiques et processus RH, et interviendront essentiellement sur deux catégories de sujets :
- la constitution et le développement des équipes de direction de la branche ou de la fonction (exemples : direction commerciale, direction technique, etc.) ;
- la réflexion stratégique avec l'anticipation de la dimension RH des orientations prioritaires business, plus le traitement RH de quelques dossiers lourds de restructuration.

« Business partner » établissement terrain

Ce seront les partenaires RH de leurs clients managers mais cette fois à un niveau terrain plus opérationnel (une usine, un réseau de vente). Ils seront eux aussi des généralistes intégrateurs des politiques et processus RH, mais sur d'autres sujets, comme la préparation des élections professionnelles, la gestion d'un conflit local, la correction d'erreurs de paie, etc.

Coordinateurs pays dans les grands groupes

Ils œuvrent surtout pour les domaines des relations sociales et de la communication interne.

La définition de ces rôles est bien sûr un peu théorique mais permet de bien préciser les responsabilités de chacun. Dans la réalité, notamment dans des entreprises plus petites, un même responsable pourra assurer simultanément plusieurs de ces fonctions.

La clarification de cette répartition des responsabilités pourra être facilitée en renseignant dans les bonnes cases les matrices suivantes (voir tableaux ci-après) avec les noms des responsables ou des équipes de la fonction RH.

Le travail consiste au fond à enrichir la présentation de l'organisation traditionnelle basée sur un organigramme par départements puis services : cela permet de donner plus de sens à cette organisation, en complétant l'attribution du domaine de compétences par le rôle exercé dans l'organisation, et donc de préciser les missions de chacun.

Les rôles d'experts de domaines et processus, et de producteurs de prestations RH

Entites RH domaines	Experts groupe ou filiales proprietaires de domaines et processus	Producteurs mutualises de prestations RH
Gestion administrative et paie	M. Durand et son équipe	M. Dubois et son équipe
Relations sociales		
Développement des RH		
(…)		

Les rôles de « business partner »

Entité business	Entité RH business partner
Branche ou fonction 1	M. Charlin
Etablissement 11	M. Charlin
Etablissement 12	Mme Gaspar
.	
.	
Branche ou fonction 2	Mme Grange
Établissement 21	M. Paul
Établissement 22	M. Feron

Les rôles de coordonnateur pays

Pays	Coordonnateur
France	Pierre
Allemagne	Jacques
Europe du Sud	

Des priorités et des objectifs clairs pour la fonction RH

L'objectif du pilotage est de s'assurer que les objectifs seront bien atteints, encore faut-il qu'ils aient été au préalable clairement définis.

Trop d'entreprises n'ont pas dans le domaine des RH de priorités bien identifiées, ou en ont trop, ce qui revient au même.

Le processus de pilotage annuel : l'élaboration du référentiel

La plupart des entreprises définissent leurs objectifs RH puis les suivent. Mais, trop souvent, l'empilement de ces objectifs manque de rigueur et de cohérence. On empile sans les distinguer les processus et les projets. On ne recherche pas la cohérence entre ces projets et les objectifs amont.

Or, la qualité d'un bon système de pilotage commence par la clarté et la lisibilité de son référentiel. C'est aussi le meilleur moyen de convaincre et de motiver ceux qui seront chargés de le réaliser.

La conduite du changement : le choix des objectifs stratégiques

Quand on évoque le système de pilotage RH, on pense généralement à l'application d'un référentiel d'objectifs et de règles préalablement définis.

Cependant, le pilotage commence avant cela, car il doit aussi contribuer à prendre les bonnes décisions, à sélectionner les bons objectifs et projets. Ce champ amont est beaucoup plus délicat car il est plus large et plus qualitatif, faisant autant appel à l'intuition qu'aux raisonnements structurés. Comment faire pour ne pas se tromper de cible ? Comment interpréter le passé et le présent pour éclairer correctement l'avenir ? On pourra, pour y parvenir, progresser en s'aidant des leviers suivants.

En amont, se doter de capacités de prospective et d'analyse

Ces capacités relèvent d'abord d'aptitudes personnelles, il faut savoir rester modeste, être à l'écoute avant de vouloir imposer ses propres convictions, aller constamment sur le terrain et saisir toutes les occasions pour discuter avec des collaborateurs de tous niveaux, ne pas se fermer à la contradiction et au débat, mais au contraire les rechercher.

Il y a là une posture, une attitude pas assez répandues, car elles supposent d'avoir le courage d'aller parfois à contre-courant de l'ambiance générale, de prendre le temps d'écouter et de réfléchir avant de décider et d'agir, ce qui n'empêche pas, paradoxalement, d'être réactif et rapide.

Cette volonté d'écoute devra être complétée par une capacité à identifier les signaux faibles et à savoir les interpréter, bref une forme de sensibilité et d'intuition qui permettra d'anticiper les évolutions culturelles et les conflits sociaux.

Toutefois, pour réussir cette mission, les talents personnels restent indispensables mais insuffisants. Dans une petite ou moyenne entreprise, la capacité d'écoute et la connaissance des collaborateurs peuvent suffire pour détecter les problèmes et réaliser un bon diagnostic. Si la taille de l'entreprise augmente, il faut s'organiser pour recueillir des données fiables, les capitaliser, et disposer également d'outils d'aide à la décision, notamment sur les thèmes suivants :

- Les enquêtes de climat social. Elles peuvent être plus ou moins complètes, fréquentes et détaillées. Elles vont de l'enquête annuelle sur intranet auprès de tous les collaborateurs au simple sondage téléphonique sur un échantillon limité de relais bien informés.
- Une connaissance fiable des coûts des différents processus RH. Dispose-t-on d'une comptabilité analytique et d'une répartition des effectifs suffisamment détaillées pour connaître les coûts des différents processus RH et leur évolution ?
- La maîtrise et utilisation réelle des bases de données du SIRH.
- Une capacité de simulation des impacts des différentes décisions sur l'évolution des effectifs et de la masse salariale.

Certains progiciels possédant cette capacité sont désormais disponibles sur le marché.

Peaufiner la qualité du processus de décision dans le domaine des RH

Trop souvent, les décisions clés se prennent rapidement «sur un coin de table», en aparté, sans que la richesse du système de pilotage formalisé ne soit exploitée.

Pour éviter cela, il faut progresser de part et d'autre. Les dirigeants amélioreront la qualité et la pertinence de leurs décisions en s'appuyant davantage sur les données et les systèmes de pilotage disponibles dans leurs entreprises.

Inversement, ces systèmes devront être mieux adaptés à leurs besoins. Ils devront être plus souples et réactifs compte tenu de l'accélération du changement, et s'appuyer sur une connaissance précise des processus de décision réels des dirigeants.

On devra être capable de réaliser des systèmes de pilotage et des procédures de recueil des données «jetables» qui ne seront utilisées que quelques semaines ou quelques mois pour éclairer une décision spécifique.

Outre la possibilité d'utiliser des données et supports mieux adaptés, il faudra également progresser sur la nature même du processus de décision.

Il faut cependant rester réaliste, on continuera à décider dans l'urgence, avec une bonne part de logique floue et d'intuition personnelle.

N'empêche, il faut développer une véritable démarche qualité des processus de décision RH. À l'instar des décisions d'investissement matériel qui, au-delà d'un certain seuil financier, doivent généralement respecter certaines étapes et un formalisme rigoureux, on pourrait demander aux décideurs de s'en tenir à certaines règles du jeu, en s'efforçant par exemple de suivre les étapes suivantes pour les dossiers les plus importants :

- **Étape 1.** Analyse préalable ouverte avec un «brainstorming» participatif

- **Étape 2.** Modélisation du problème et sélection de plusieurs scénarios avec identification des principaux impacts

- **Étape 3.** Évaluation du bilan économique de ces impacts et des autres conséquences

- **Étape 4.** Choix du scénario le plus favorable et décision exprimée de la manière la plus précise possible pour permettre ensuite le contrôle de son application

- **Étape 5.** Préparation détaillée puis mise en œuvre.

Bien sûr, la logique précédente est sans doute trop rationnelle et théorique ; sans compter que certaines étapes seront menées en parallèle et des contraintes externes imprévues conduiront souvent à procéder autrement que prévu. Mais garder en tête ce modèle permettra de progresser et d'aller au-delà d'un bricolage improvisé. En matière de processus de décision, la rigueur contribue à améliorer les performances et la légitimité de la fonction RH.

Associer les managers en amont dans le cadre de dispositifs participatifs

Le choix des objectifs stratégiques RH ne doit pas être réalisé par la seule fonction RH, mais par l'ensemble du comité de direction.

La grille d'analyse ci-après, qui a été appliquée dans la réalité, permet d'illustrer la manière de travailler. Concrètement, chaque membre du comité de direction avait adressé au préalable une contribution, en respectant le plan de cette grille, puis une réflexion en commun avait permis de finaliser le choix des objectifs RH.

**ORIENTATIONS STRATÉGIQUES RH :
GRILLE D'ANALYSE POUR LES MEMBRES
DU COMITÉ DE DIRECTION DE LA SOCIÉTÉ X**

Introduction et objectifs visés
- Donner un cadre politique au choix des priorités RH annuelles et des nouveaux projets RH
- Prendre du recul et rechercher les grandes orientations
- Être sélectif en ne retenant que quelques orientations stratégiques RH prioritaires

Les orientations RH issues des priorités stratégiques opérationnelles
- Quelles sont les priorités stratégiques du plan à moyen terme ayant un impact RH ?

– Quelles sont les orientations stratégiques RH qui en découlent ?

Exemples : les besoins de nouvelles compétences clés, les redéploiements de personnel, l'apparition de nouvelles valeurs, etc.

Les orientations stratégiques RH issues des modifications prévisibles de l'environnement social et culturel

– Quelles sont les principales évolutions prévisibles ?

Lister puis qualifier ces évolutions : représentent-elles des menaces ou des opportunités ?

Exemple : allongement de la durée de vie au travail et modification de la pyramide démographique, etc.

Quelles sont les orientations stratégiques RH qui en découlent ?

Les orientations RH issues d'une analyse par domaines

– Le diagnostic préalable par domaines

L'analyse par domaine

Réaliser un diagnostic rapide basé sur une analyse forces/ faiblesses en se limitant aux domaines jugés critiques.

Exemple : paie, formation, etc.

Quelles sont les orientations stratégiques RH qui en découlent ?

De la préparation analytique à la vision de synthèse

Refaire une sélection parmi les choix envisagés, en étant attentif aux interfaces et aux enchaînements dans le temps. Compléter par un commentaire de synthèse sur les risques et sur les facteurs clés de succès.

La conduite du changement : la définition du portefeuille des projets puis leur contenu

Une fois les objectifs sélectionnés, il faut définir puis réaliser les projets permettant de les atteindre.

Toutefois, entre les objectifs et les projets, une étape est trop souvent oubliée : la formalisation du portefeuille des projets de la fonction RH. En effet, l'ensemble des projets en cours de réalisation doit former un tout cohérent.

Il faut bien penser le plan d'ensemble de la future maison RH avant de commencer de la bâtir pierre après pierre.

La notion de portefeuille de projets présente plusieurs avantages :
- Elle permet de valider les enchaînements dans le temps. Si, par exemple, on envisage d'acheter un nouvel ERP, autant achever son déploiement avant d'aborder de nouvelles modifications.
- Elle oblige à clarifier le langage commun et les interfaces. Par exemple, entre le développement de la démarche compétences et le choix des nouvelles actions de formation.
- Elle conduit à s'assurer de la faisabilité d'ensemble de la totalité des projets, notamment en termes de charge de travail cumulée et/ou d'acceptabilité du rythme du changement.
- Elle favorise enfin la lisibilité et la vision de synthèse. Et ce, sur deux axes : en premier lieu, avec le regroupement des projets par grandes finalités qui correspondent aux objectifs stratégiques identifiés dans l'étape précédente ; en second lieu, en faisant apparaître l'évolution du portefeuille de projets dans le temps. Comme pour la gestion des stocks, il faut respecter l'équation :
  nouveau portefeuille de projets année (n + 1) = portefeuille de projets année n – projets terminés + nouveaux projets.

Il faut en effet veiller à ne pas se lancer dans un trop grand nombre de nouveaux projets en oubliant la charge de travail associée aux projets en cours.

Les principales étapes d'une bonne gestion de portefeuille

Elles sont résumées dans le schéma de la page suivante.

L'initialisation (étape 1) permet de clarifier l'architecture de synthèse, et notamment la distinction entre projets et processus.

La mise à jour annuelle du portefeuille se fait généralement en deux étapes : une première sélection de type « brainstorming » des projets prioritaires (étape 2) avec un résumé en deux lignes de chacun des projets, puis, à froid, quelques jours plus tard une définition détaillée (étape 3) qui conduit généralement à quelques modifications : regroupement de deux projets, échelonnement dans le temps, etc.

La définition du système de pilotage est la dernière étape (étape 4) de la gestion du portefeuille. Ce pilotage développe une vision globale de l'avancement des projets RH. Des revues de l'équipe de direction de la structure RH et/ou du comité de direction de l'entité permettent ainsi, par exceptions, de traiter les projets à problème et de prendre les mesures qui s'imposent.

Les principales étapes d'une gestion de portefeuille

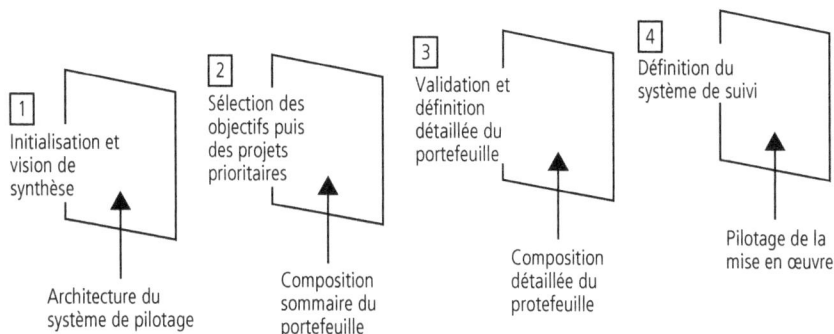

1 — Initialisation et vision de synthèse
— Architecture du système de pilotage

2 — Sélection des objectifs puis des projets prioritaires
— Composition sommaire du portefeuille

3 — Validation et définition détaillée du portefeuille
— Composition détaillée du protefeuille

4 — Définition du système de suivi
— Pilotage de la mise en œuvre

La gestion des projets individuels

Elle permet d'appliquer la méthode de gestion de projet aux projets individuels (voir section « La gestion des projets... », ci-après, du même chapitre).

L'amélioration des performances de la mission de base : les politiques et processus

Le cadre général

Autant le choix des objectifs stratégiques puis des projets associés doit être revisité et mis à jour chaque année, autant le référentiel de définition de la mission de base, politiques et processus, restera a priori plus stable.

On s'assurera que les politiques restent pertinentes compte tenu des modifications de l'environnement. Par exemple, suite à l'évolution du cadre légal, il faudra adapter la gestion des seniors et les politiques de retraite.

On évaluera ensuite les différents indicateurs de performance des processus et on mettra à jour leur valeur cible pour tenir compte des améliorations de performances attendues (réduction des coûts et des délais, etc.).

L'exemple de la définition d'une nouvelle politique RH

Il n'est pas d'un exercice aisé d'élaborer une nouvelle politique RH, par exemple dans le domaine des rémunérations ou de la formation.

Au fond, ce processus comporte un certain nombre d'étapes obligées qui seront suivies si l'on veut s'inscrire dans une démarche qualité.

Le guide résumé ci-après propose quelques recommandations.

Guide d'audit sur les politiques RH

LE CADRE GÉNÉRAL

Introduction

Le cadre de la démarche processus est adapté : la logique est répétitive dans sa forme avec des « clients », un délivrable, des étapes, des critères de succès.

De plus, si la politique est nouvelle, il faudra lancer un plan d'action pour mettre en conformité la situation actuelle avec les nouvelles règles.

Recommandations

- Limiter le contenu d'une politique mais se donner les moyens de son suivi et de sa mise en œuvre effective.
- Développer l'idée d'un portefeuille de politiques en identifiant si possible à l'avance leur liste pour optimiser le périmètre de chacune.
- Bien identifier les « clients » de la politique, pas seulement la fonction RH mais d'abord les opérationnels et les associer tout au long du processus d'élaboration.
- Bien différencier les politiques des objectifs stratégiques de la fonction, de ses processus, projets et procédures : clarifier le sens des définitions.

LE PROCESSUS D'ÉLABORATION

Initialisation

Quels faits générateurs et raisons du choix du sujet ?

Première étape : La connaissance des faits

Elle pourra résulter d'une intercomparaison interne des réalités locales en identifiant les points communs et les différences. Elle pourra être complétée par l'expression de quelques principes communs.

Deuxième étape : choix de la cible

- Intercomparaison externe avec des sociétés comparables
- Choix d'un niveau raisonnable d'ambition et conséquences sur le chemin à parcourir
- Déclinaison cohérente des orientations générales société et interfaces avec les autres politiques RH (…)

Il résulte de la deuxième étape un premier projet de politique qui servira de base de discussion avec les différentes entités du groupe avant finalisation.

Troisième étape (optionnelle) : la négociation avec les partenaires sociaux

Quatrième étape : la dynamique de l'action

- Le processus d'information et formation
- Le choix des plans d'action pour atteindre la cible
- Le dispositif de suivi et de contrôle

Une autre option est de considérer que les filiales ou branches sont libres du choix de leurs plans d'action à condition d'atteindre la cible politique.

QUELQUES PROBLÉMATIQUES ASSOCIÉES À L'ÉLABORATION ET AU CONTENU

- Comment impliquer les opérationnels dans la réflexion amont et faut-il associer également les autres « stake holders » concernés : syndicats, etc.
- Peut-on prévoir un noyau dur commun et une partie adaptable en fonction des spécificités locales ?

Une solution est d'articuler la politique autour de deux composantes :

- quelques principes communs à l'ensemble des entités du groupe ;
- la volonté de faire au moins mieux localement qu'un référentiel d'entreprises locales comparables (qui peuvent être des filiales de grands groupes) identifiées précisément.

- Dans certains cas, pour éviter le risque de la « langue de bois », un volet confidentiel de la politique est-il souhaitable ?
- Bien s'assurer de la compatibilité avec les contraintes légales locales et avec les projets en cours d'élaboration (directives européennes, etc.)

- Faut-il fixer une période de validité de la politique et/ou une première étape d'un ou deux ans à l'issue de laquelle un bilan sera effectué avant de la finaliser ?

LE SUIVI ET LE CONTRÔLE

L'information et le contrôle

- Les modalités de contrôle doivent être incluses en amont, autrement dit le texte de la politique doit être suffisamment précis pour être contrôlable

Dans certains cas, comme pour les projets de restructuration, le contrôle pourra être systématique a priori.

- Les données du reporting permettant de vérifier l'application de la politique peuvent-elles être transmises par le SIRH et les reportings existants ? Dans le cas contraire, quelles sont les solutions envisagées ?
- Les actions de communication et/ou de formation ont-elles bien été prévues ?

Il peut y avoir des problèmes de confidentialité ou des risques d'overdose de diffusion d'information vers les managers. Inversement, une politique largement diffusée a plus de chances d'être ensuite appliquée.

Les actions de changement associées à la mise en œuvre de la politique

Les actions de progrès nécessaires ont-elles été identifiées dans chaque pays et/ou business unit ? Leur gestion de projet est-elle satisfaisante (pilote, calendrier, ressources, etc.) et sont-elles incluses dans le plan de marché général de l'unité ?

Le pilotage général de la mise en œuvre

- Un pilote transverse a-t-il été désigné pour suivre la mise en œuvre de la politique ? Est-il légitime pour organiser des revues régulières, au moins pendant la phase de démarrage ?
- En complément du reporting, certaines actions d'audit social sont-elles envisagées ?

Le système de suivi et de contrôle

La vraie difficulté ne réside pas dans l'élaboration du référentiel. Même si ce n'est pas toujours facile, on finit toujours par le définir. Le vrai défi est qu'il soit effectivement appliqué sur le terrain, à la fois par les fonctionnels de la structure RH et par les opérationnels. Pour permettre ce suivi, il faut définir un système d'information et de contrôle pour les RH qui comprendra à la fois la mise en forme de données et la manière de les utiliser. Il pourra être articulé autour de trois axes complémentaires.

Système d'information et de contrôle

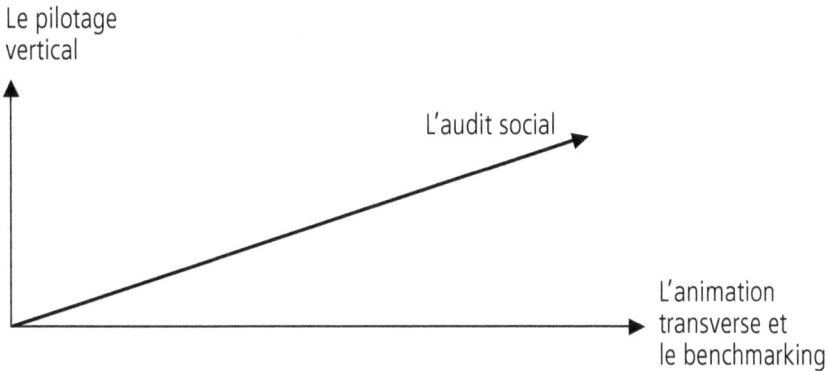

Le pilotage
vertical

L'audit social

L'animation
transverse et
le benchmarking

Le pilotage vertical remonte le long de la ligne hiérarchique avec plusieurs niveaux de consolidation successifs. Ce seront par exemple les embauches au niveau de l'usine, consolidées ensuite pour la direction de la production, puis pour l'entreprise tout entière.

L'animation transverse et l'intercomparaison ou « benchmarking » visent à comparer les résultats d'entités comparables. Si une de ces entités obtient de meilleurs résultats, on cherchera à en identifier les raisons puis à transférer ses bonnes pratiques vers des entités moins performantes.

Par exemple, parmi trois usines comparables de la même société, l'une avait un taux d'absentéisme nettement inférieur. Une fois ce bon résultat mis en valeur, le groupe de travail commun aux trois usines identifia deux bonnes pratiques qui l'expliquaient au moins partiellement. D'une part, des investissements avaient été réalisés pour améliorer les conditions de travail (postures moins pénibles et réduction des nuisances sonores). D'autre part, le présentéisme avait été retenu comme un des principaux critères de l'accord d'intéressement.

L'audit social, enfin, est d'une autre nature ; il permet de vérifier la bonne application des règles externes et internes.

Le pilotage vertical

La distinction entre tableau de bord RH et reporting RH

Le tableau de bord RH limité à une dizaine de variables suit les engagements de l'entreprise pour les domaines relevant des RH dans le cadre d'une direction par objectifs.

On pourra avoir un tableau de bord RH couvrant tous les aspects de la fonction, puis des tableaux de bord spécialisés par domaines (formation, relations sociales, etc.) et par entités.

L'optique «balanced scorecard» consiste, dans un souci de cohérence, à aligner entre eux, et avec les objectifs business, les différents niveaux d'objectifs RH. Ainsi, si la priorité est la réduction des coûts, les conséquences en seront tirées sur la réduction des embauches et la maîtrise des effectifs et de la masse salariale.

La logique d'utilisation du reporting RH est très différente. Elle permet notamment de répondre aux besoins suivants :
- le respect des contraintes légales de communication interne et externe (*cf.* le bilan social, l'information des CE et CCE, etc.) ;
- le suivi pour assurer la mise sous contrôle des principales variables, et notamment les différents flux d'effectifs et les indicateurs de performance des processus de la mission de base.

Dans ce cas, il s'agit d'une simple veille pour repérer les dérives éventuelles, et non d'un suivi serré permettant la conduite du changement des évolutions prioritaires.

EXEMPLE

Si, dans une entreprise, la cartographie des principaux processus RH aboutit à une douzaine de processus, une dizaine seront suivis dans le cadre du reporting, et seuls deux ou trois, jugés critiques, seront intégrés dans le tableau de bord RH.

Le choix des bonnes variables, des indicateurs et de leurs valeurs cibles, puis la production de ces données

On commencera, pour limiter la charge de travail, par sélectionner des données déjà disponibles, notamment dans le SIRH, mais on préférera les variables pertinentes et mal outillées aux variables disponibles mais non pertinentes.

Une variable (par exemple l'absentéisme) est caractérisée ensuite par un indicateur (nombre d'heures d'absence/ nombre d'heures payées). Si cette variable est uniquement suivie dans le reporting RH, on se contentera d'enregistrer les résultats constatés. Si, en revanche, il s'agit d'un objectif prioritaire du tableau de bord RH, on pourra définir des valeurs cibles trimestrielles permettant de jalonner le chemin du progrès attendu entre la fin de l'année n et la fin de l'année (n + 1).

On pourra également distinguer la valeur objectif inchangée de la reprévision qui traduira son évolution probable re-estimée à mi-parcours. Rien ne sert de sélectionner les bonnes variables, si l'on n'est pas capable de produire des données fiables dans des délais rapides.

Les responsables de la sélection des variables ne seront pas forcément ceux qui produiront régulièrement les données permettant de tenir à jour les reporting et tableaux de bord RH. En particulier, les responsabilités respectives dans cette tâche du contrôleur de gestion social et des pilotes de domaines RH devront être précisées.

Enfin, la bonne utilisation des systèmes d'information sera un facteur clé de succès. Dans les grandes entreprises, on peut souvent s'appuyer sur le développement de «data ware houses». Il faut cependant se méfier des argumentaires commerciaux des éditeurs quant à l'accès facile à leurs données pour des non-professionnels de la fonction.

Il faudra pour le «grand public» programmer quelques requêtes très simples ou recourir à un intermédiaire spécialiste ou encore à des restitutions standards préprogrammées.

Concrètement, en effet, un chef de service voudra par exemple connaître l'évolution de l'absentéisme de son service pour les six derniers mois, ou s'assurer qu'il respecte bien ses objectifs budgétaires de masse salariale. Il utilisera alors son ordinateur mais souhaitera bénéficier d'un accès rapide et simple aux données dont il a besoin sans être contraint de passer par une multitude de masques intermédiaires ou de manipulations complexes. Si cela n'est pas possible, il formulera la demande auprès d'un attaché administratif qui lui fournira les données stockées dans l'application, mais un tel circuit est plus lent et coûteux en charges de personnel.

De la production de trames et de données à l'animation fonctionnelle de leur utilisation

Trop souvent, le système de pilotage est purement formel alors que les véritables décisions se prennent ailleurs. Afin d'éviter de telles erreurs, on veillera à satisfaire les préalables suivants.

Tout d'abord, on diffusera le reporting et surtout le tableau de bord RH aux véritables décideurs des variables concernées. Cela suppose en amont une répartition claire des responsabilités sur les variables pilotées. Cette hypothèse est loin d'être toujours satisfaite. Par exemple, qui est responsable dans l'entreprise de l'évolution de la masse salariale, la direction des RH et/ou la direction financière et/ou les managers ?

EXEMPLE

Dans l'entreprise lambda, de taille moyenne, les embauches des différents services sont décidées conjointement au plus haut niveau par le directeur général et par le directeur des RH.

De plus, après cette autorisation de principe accordée dans le cadre du processus budgétaire, la signature définitive de chaque embauche est à nouveau centralisée au niveau du directeur des RH.

On peut, dans une telle situation, se demander qui doit suivre dans son tableau de bord les évolutions de l'effectif du service : le chef de service qui en bénéficie ou le directeur des RH qui dispose du pouvoir effectif sur cette variable ? Les deux sans doute !

L'exemple du pilotage des effectifs et de la masse salariale est aussi pertinent pour illustrer le problème des interfaces. Généralement, la masse salariale est suivie dans le cadre du processus budgétaire animé par la direction financière alors que le pilotage des effectifs, qui explique en partie ses évolutions, est réalisé en amont par la structure RH et les managers.

Il n'y a pas ici de solutions standards à proposer mais simplement un conseil de bon sens : il faut partir d'une analyse objective des pouvoirs des différents acteurs et piloter conjointement les variables résultats de bout de chaîne, comme la masse salariale et les projets, ou leviers amont comme les effectifs conditionnant leur évolution.

En vérité, considérer un projet de tableau de bord RH comme un projet purement technique est souvent à la fois habile et légèrement hypocrite. Cela permet d'aborder de manière indirecte et non frontale des thèmes beaucoup plus sensibles comme la répartition des pouvoirs et la clarification des priorités.

Enfin, il faut prévoir et organiser des dispositifs de travail collectifs qui facilitent la prise de décision. Y aura-t-il des revues RH, mensuelles ou trimestrielles, portant sur quel périmètre (la totalité de la fonction ou seulement certains domaines et/ou entités ?), avec quels participants, quelle préparation et selon quels délivrables attendus ?

L'animation transverse et le benchmarking

Ce type de suivi est moins répandu mais peut se montrer fort utile car il permet d'échapper à certains biais du pilotage hiérarchique. La cible n'est pas imposée de manière artificielle et parfois volontariste. Elle correspond simplement aux résultats d'une entité comparable. On peut procéder à une intercomparaison interne ou externe à l'entreprise.

La comparaison externe est plus difficile car les données ne sont pas aisément disponibles mais elle peut être confiée à un syndicat professionnel ou à un consultant. Une autre difficulté de l'intercomparaison externe tient à l'absence de langage commun.

Une intercomparaison, par exemple sur les coûts, n'a de sens que si l'on compare des objets identiques. Mais c'est rarement le cas entre deux entreprises. Ainsi cherche-t-on souvent à apprécier l'efficacité d'une structure RH en comparant les valeurs du ratio «effectif de la structure RH/effectif géré». Mais le périmètre des missions de la structure RH varie d'une entreprise à l'autre. Dans un cas, il couvrira la sécurité, le médical et les services généraux et pas dans l'autre.

L'intercomparaison interne, quand elle est possible, est souvent une bonne première étape, d'ailleurs parfois suffisante. Pour être efficace, elle doit répondre à certaines conditions.

Tout d'abord, il est important qu'elle s'inscrive dans un cadre psychologique positif. Il ne faut pas présenter la démarche comme une tentative de classement, de séparation des bons et des mauvais, mais comme un exercice d'émulation et de transparence.

Ensuite, les « objets » intercomparés doivent là aussi être réellement comparables. Cela est généralement plus aisé que dans le cas d'une intercomparaison externe, mais des spécificités locales biaisent cependant encore souvent l'analyse.

Par exemple, une pyramide des âges très différente d'un établissement à l'autre faussera les comparaisons d'absentéisme ou de salaire moyen pour des postes identiques.

Enfin, le véritable but n'est pas de comparer des résultats mais de transférer des bonnes pratiques et cela ne se fera généralement pas spontanément. Il faudra prévoir une forme d'accompagnement et une reconnaissance appropriée des entités qui serviront de modèle tout en se méfiant des mécanismes de rejet face au « bon élève » et du syndrome du « pas inventé ici ! »

L'audit interne

L'introduction d'un système d'audit interne RH pourra s'appuyer sur les recommandations suivantes.

Le périmètre d'application de l'audit

Dans la courbe d'apprentissage, la première étape consistera à maîtriser l'audit de forme, autrement dit de conformité à des règles.

L'auditeur vérifiera que les règles externes de droit du travail et les règles internes de contenu des politiques et de description des processus sont bien respectées. Si l'entreprise a mis l'ensemble de ses processus sous assurance qualité (certification Iso), l'audit qualité des processus RH pourra servir d'audit de conformité RH des mêmes processus : on vérifiera par exemple à partir des pièces justificatives que les différentes étapes constatées pour quelques recrutements récents se sont bien déroulées conformément aux règles préalablement définies : diffusion de la fiche de poste, absence de candidat interne possédant le profil requis, nombre minimum d'entretiens…

Dans une seconde étape, des audits opérationnels de fond sur la pertinence et le bien-fondé des décisions RH pourront être menés.

L'exercice est plus difficile. Les derniers recrutements ont pu être réalisés en respectant les règles établies mais ces décisions ont-elles été judicieuses ? L'entreprise a-t-elle réellement sélectionné les meilleurs candidats disponibles et sur quelles bases fonder un tel jugement ? Telle restructuration a pu avoir été conduite en respectant les règles du droit social mais, sur le fond, a-t-elle été bien conçue puis bien exécutée ?

Le choix des auditeurs

Trois options peuvent être envisagées :

- recourir quand elle existe aux services de l'équipe polyvalente d'audit de l'entreprise, à condition de l'avoir bien formée aux techniques et problématiques RH ;
- former un auditeur spécialisé dans les domaines RH et rattaché hiérarchiquement à la direction RH ;
- demander aux pilotes « propriétaires » des différents domaines et processus RH d'effectuer eux-mêmes le contrôle des référentiels qu'ils auront élaborés.

Cette dernière option est plus courante et elle présente de plus le mérite de la simplicité. Par ailleurs, dans ce cas, les auditeurs posséderont forcément les compétences nécessaires. Toutefois, elle présente l'inconvénient de mélanger deux postures en partie contradictoires, l'assistance et le contrôle.

Le professionnalisme de la démarche

Quel que soit le choix des acteurs chargés de l'audit , ils devront être formés aux techniques de cette discipline : définition d'un échantillon représentatif, respect des différentes étapes du processus d'audit, distinction entre les résultats de l'audit et le plan d'action qui en résulte, méthodes d'entretien et respect des audités…

Les axes d'approfondissement : projets, processus et risques

La gestion des projets et des processus représente le cœur d'un système de pilotage RH, tant au niveau de l'élaboration du référentiel que du système de suivi.

Il nous a donc semblé utile d'approfondir ces deux thèmes en s'appuyant sur des modèles de documents supports.

Enfin, l'analyse des risques fait, elle aussi, partie du système de pilotage RH et elle est trop souvent oubliée.

La gestion des projets

La plupart des grandes entreprises appliquent une méthode de gestion de projet formalisée et rigoureuse lorsqu'il s'agit d'investir dans des biens matériels comme l'achat d'un équipement, la construction d'une usine… Mais, curieusement, cet effort de discipline et de rigueur disparaît dès que l'investissement concerne le développement d'un actif immatériel.

Et pourtant, par exemple dans le cas de l'acquisition d'un ERP ou de la définition d'un nouveau système de bonus, les enjeux économiques et stratégiques sont souvent aussi importants.

EXEMPLE

L'entreprise lambda décide de faire bénéficier l'ensemble de ses cadres d'un système de bonus alors qu'auparavant, ils n'étaient rémunérés que sur la base d'un salaire individualisé.

Au-delà de l'impact financier sur la masse salariale, l'enjeu stratégique d'un tel projet est important pour la motivation de l'encadrement et l'orientation de ses efforts.

La démarche est toutefois plus complexe qu'il n'y paraît. Il faut en effet valider en amont la qualité de la direction par objectifs et lancer si nécessaire des formations sur ce sujet.

Il faudra ensuite définir l'architecture du modèle de calcul du bonus, arrêter le choix des variables puis des valeurs cibles, préciser la différenciation du modèle entre les cadres opérationnels et les cadres supérieurs.

Des simulations financières devront être réalisées pour valider le respect de l'enveloppe budgétaire prévue.

Enfin, une campagne de formation et d'information sera lancée auprès de l'encadrement avant l'application effective de la démarche.

Bref, il s'agit là d'un vrai projet complexe avec des enjeux importants. On devra donc ne pas improviser en temps réel et appliquer une méthode de gestion de projet avec un chef de projet, un comité de pilotage, une enveloppe financière, une planification rigoureuse des étapes…

La direction des RH aura intérêt à formaliser son portefeuille de projets puis à élaborer sa méthode de gestion de projet dont elle imposera l'utilisation pour les projets les plus importants (entre 5 et 10 projets pour une année donnée).

Cette méthode s'inspirera largement des méthodes traditionnelles de gestion de projet communes à l'ensemble des domaines techniques et non techniques, avec trois composantes principales :
- une organisation en mode projet : pilote stratégique membre du comité de direction, chef de projet, comité de pilotage, équipe projet et contributeurs ;
- un découpage en étapes standards : étude préalable avec plusieurs options, choix de l'option finale avec la programmation détaillée et la fiche de lancement, réalisation et déploiement, bilan du projet ;
- un système de pilotage et un tableau de bord de suivi.

La fiche de gestion de projet présentée en page 119 sera utilisée pour la définition détaillée puis l'organisation du suivi.

Elle comprend trois parties : la présentation générale, l'étude d'opportunité avec la description détaillée des objectifs et impacts attendus, et le tableau de bord de suivi avec la liste des étapes.

Quelques conseils pour terminer :
- Commencer par trouver un nom pertinent pour le projet : le choix de ce nom conduira souvent à mieux définir sa finalité.
- Ne pas tomber dans l'excès de «l'usine à gaz» et ne pas imposer l'application de la méthode à tous les projets : il convient

en revanche de l'utiliser de manière rigoureuse pour les projets stratégiques.

– Dans la rédaction de la fiche de lancement, on veillera à bien identifier les résultats repérables attendus.

– Apporter un soin particulier à la sélection des chefs de projets : il ne faut pas se contenter de leur demander de cumuler cette nouvelle mission avec leurs responsabilités antérieures.

Les processus RH

Rappelons leur définition : un processus RH comprend un ensemble d'activités coordonnées débouchant sur des réalisations destinées à des clients bien identifiés. Il est répétitif et standardisé. Il est réalisé par des collaborateurs de la fonction et/ou des opérationnels et contribue à la mise en œuvre des politiques et objectifs RH.

Dans la partie II consacrée aux leviers de développement de la performance RH, la démarche d'analyse des processus a été présentée comme un des principaux outils de la conduite du changement.

En complément de ces aspects et dans le cadre de la mission de base au quotidien, la gestion des processus repose notamment sur les modalités pratiques déclinées ci-après.

Une organisation

De même que l'on aura un pilote stratégique et un chef de projet, on pourra désigner pour les processus clés un pilote stratégique et un responsable de processus.

Lorsque le processus est réalisé intégralement dans l'un des services de la structure RH, ses animateurs sont ceux du service en question. Mais s'il s'agit d'un processus transverse, la situation va se compliquer et il faudra nommer un coordonnateur transverse.

Des documents supports

On trouvera en page 123 une trame type de description de processus.

Cette trame comprend quatre parties :
– la fiche de synthèse avec la description générale du processus ;
– la description détaillée avec le « qui fait quoi » ;

- une copie des principaux documents supports et masques informatiques ;
- l'évaluation du processus et les pistes de progrès par rapport à la réalité actuelle qui doivent normalement déboucher sur des plans d'action.

Un système de pilotage et de contrôle

Il comprendra deux axes complémentaires :
- les audits qualité de conformité pour vérifier que la manière dont les opérations sont conduites au quotidien respectent bien le contenu du référentiel ;
- les revues de performance pour suivre et analyser l'évolution des principaux indicateurs du processus.

L'analyse des risques

L'analyse des risques RH peut faire partie d'une analyse du risque globale, toutes fonctions confondues, conduite parfois par la direction financière ou par un département spécialisé. Elle peut aussi être limitée au domaine RH.

L'évaluation des risques est une des composantes de la mesure de la performance RH et doit donc être pilotée.

Classiquement, on identifie les risques majeurs puis on les « priorise » en fonction de leur enjeu et probabilités d'occurrence. Enfin, on cherche à les maîtriser. Cette maîtrise peut consister soit à prendre les mesures préventives pour les éviter, soit au contraire à se préparer à y faire face.

Parmi les risques majeurs RH, on peut citer les risques de conflit, de dérive des frais de personnel, de perte de compétences…

Au-delà des aspects méthodologiques, cette analyse des risques est souvent un bon levier de sensibilisation des opérationnels. On peut alors parler, notamment dans les entreprises industrielles, de fiabilité sociale complémentaire de la fiabilité technique.

La communication et la motivation

La communication interne et externe sur les objectifs et projets RH

La communication interne

La définition d'objectifs ne sert à rien si ces derniers ne sont pas connus et partagés.

Un bon système de pilotage comprend donc aussi une partie plus qualitative de dialogue et d'échanges qui débutera si possible en amont, lors de la détermination des priorités RH.

On commencera par associer les responsables de la structure RH pour élaborer par exemple une proposition de priorités RH communes qui pourra ensuite être présentée aux principaux managers, membres du comité de direction.

La question se pose alors de la diffusion qu'il convient ensuite de réaliser de ces priorités RH. Faut-il et comment en informer l'ensemble de l'encadrement ? Auront-elles, si le climat social est bon, également été discutées avec les représentants du personnel ?

La communication externe

La dimension RH est une des composantes du développement durable. À ce titre ou de manière spécifique, elle fera l'objet de communications externes, par exemple dans le cadre du rapport annuel, d'un site Internet, ou pour répondre aux questions d'une agence de cotation comme Vigeo.

Il est souhaitable que les communications à visée interne et externe sur les objectifs et réalisations RH ne soient pas dissociées mais puissent se renforcer mutuellement.

La motivation des principaux acteurs concernés

Une première étape consiste à aligner les objectifs individuels des principaux responsables de la structure RH sur les priorités RH de la période. On y procède en général assez aisément, mais la clé de la réussite, c'est de mettre les managers en mouvement, de les convaincre que le volet RH de leur mission est aussi important que les autres et conditionne leur performance future.

Pour cela, on identifiera leurs indicateurs clés de performance RH qui seront évalués lors de leur entretien annuel et pris en compte dans le calcul de leur bonus.

EXEMPLE

Parmi les objectifs individuels des directeurs de l'entreprise Lambda, on inclura le nombre de nouveaux cadres à potentiel identifiés, la réduction du nombre de collaborateurs n'ayant pas bénéficié d'une formation depuis plus de deux ans et le taux de couverture des entretiens annuels.

Deux impératifs pour le système de pilotage RH

La cohérence du système

Elle se décline selon trois axes. En premier lieu, elle doit être effective entre les différents modules avec une bonne qualité des interfaces. Le système comporte de multiples composantes qui doivent coexister de manière harmonieuse : les objectifs et les projets, les politiques et les processus, l'élaboration du référentiel puis le contrôle de sa mise en œuvre.

Trop souvent, les différents modules s'empilent au fur et à mesure de leurs créations successives sans constituer un ensemble cohérent. Il importe au contraire de définir au préalable un schéma de synthèse clair qui donnera du sens à leurs contributions respectives et précisera leurs interfaces.

En deuxième lieu, on doit pouvoir s'appuyer sur une cohérence technique formelle et le respect d'un langage commun. On utilisera par exemple pour les différents modules la même typologie des populations ou des composantes de la rémunération.

EXEMPLE

On peut cette fois utiliser le contre-exemple de l'entreprise lambda qui utilise les typologies suivantes :

- évolution des effectifs : cadres supérieurs, autres cadres, agents de maîtrise, techniciens, employés, ouvriers ;
- évolution des dépenses de main-d'œuvre : cadres et haute maîtrise, reste de la maîtrise, techniciens et employés, ouvriers ;
- absentéisme : cadres, Etam (Employés techniciens et agents de maîtrise), exécution.

Comment s'y retrouver ensuite et mener des analyses transverses cohérentes ?

Enfin, il doit y avoir une cohérence de fond sur le contenu de type « balanced scorecard ». Elle consistera à aligner les objectifs sur deux ou trois buts politiques communs amont.

La logique ne sera par exemple pas la même si la priorité est donnée à la flexibilité et à la réduction des coûts ou à la fidélisation et à la motivation des collaborateurs.

L'appropriation par les managers

On constate souvent deux étapes dans la courbe d'apprentissage :
- le pilotage interne à la fonction RH ;
- le pilotage RH intégré dans le pilotage business.

Autrement dit, par exemple dans le cadre de la revue budgétaire désormais élargie, on abordera non seulement le suivi des dépenses mais celui de l'ensemble des déterminants, et notamment les facteurs RH, de la performance durable.

EXEMPLE

La direction de l'entreprise Lambda réalise, avec le support du contrôle de gestion, une revue budgétaire trimestrielle des résultats de ses principaux départements. Les résultats commerciaux et financiers sont bien sûr analysés.

Mais les responsables examinent également les principales performances en matière de RH et de développement durable. Ils analysent l'évolution de l'effectif et de la masse salariale, le suivi du plan de formation et des redéploiements envisagés, les causes des conflits qui ont pu avoir lieu, l'amélioration de la sécurité et des conditions de travail.

Ils regarderont également, pour les usines, l'évolution des rejets dans l'eau et l'atmosphère et du taux d'équivalent CO_2.

CHAPITRE 7

Le pilotage RH au service de l'évaluation de la création de valeur

Nous avons commencé par élaborer un système de pilotage rigoureux et c'est un bon début. Il faut veiller toutefois à ne pas nous tromper d'enjeu. L'objectif est une rentabilité globale de la fonction. L'essentiel est donc de s'assurer certes que les ressources ne sont pas gaspillées mais surtout qu'elles sont utilisées à bon escient, et qu'elles contribuent à créer de la valeur pour l'entreprise. Autrement dit, il s'agit de savoir comment évaluer la rentabilité de l'investissement RH.

Enjeux prioritaires et facteurs clés de succès

Les réticences culturelles propres à la fonction

On trouvera ci-après quelques objections possibles et des pistes de réponse.

Une démarche rationnelle et formalisée est-elle pertinente en RH ?

Culturellement, la fonction RH est marquée par son passé de relations sociales. C'est un domaine sensible et changeant. Et toute négociation suppose confidentialité et réactivité : les vrais objectifs et enjeux seront alors rarement dévoilés car cela risque de rendre la direction des RH plus vulnérable face à ses partenaires sociaux.

Inversement, un bon système de pilotage sera basé sur la confiance, la transparence et la mesure… C'est une tout autre culture !

De plus, si l'on veut piloter la performance RH, il faut afficher ses objectifs, et l'on devient alors en partie prisonnier de ce que l'on a affiché. Il est difficile d'y apporter des modifications sans explications. Les partenaires sociaux connaissant ses priorités, la direction peut devenir vulnérable.

Enfin, cette culture du qualitatif et du secret n'est pas propre aux experts de la fonction. Les opérationnels sont également souvent sur ces thèmes peu transparents et communicatifs.

Quelle est donc l'attitude à adopter en la matière ?

Tout d'abord, il ne faut pas être candide et le tableau de bord social ne sera pas forcément largement diffusé. Certaines de ses variables pourront rester confidentielles.

De plus, il faut reconnaître que, comme pour toute rupture culturelle, du temps et du courage seront nécessaires pour réussir.

Enfin, les efforts de mesure et de transparence seront rentables à moyen terme car ils permettront de mieux partager les priorités de la fonction et de renforcer la rigueur du suivi de leur mise en œuvre.

L'effort de mesure de la performance RH et de la création de valeur n'est-il pas inutile ?

La question se justifie car, le plus souvent, il n'y a guère de liberté de choix.

La théorie serait de choisir parmi les projets RH ceux qui sont les plus créateurs de valeur.

Mais en réalité, les dirigeants de la fonction n'auraient guère le choix. La plupart de leurs projets leur seraient imposés par des contraintes business ou externes, comme la fermeture d'un site, les conséquences sociales d'une fusion acquisition ou l'impact d'une nouvelle loi comme la modification avec le DIF (droit individuel à la formation) du cadre légal de la formation.

Cette objection, elle non plus, n'est pas dénuée de tout fondement mais elle a ses limites. Il est impératif que la fonction retrouve une marge d'initiative et d'anticipation et ne se contente pas de réagir à des sollicitations externes.

Et pour convaincre le management de la pertinence de ses propositions, un effort de mesure de la création de valeur envisagée sera indispensable.

La sélection et le traitement privilégié d'activités RH et de populations cibles ne sont-ils pas dangereux à terme ?

En privilégiant certains critères de création de valeur, on risquerait de basculer dans une forme d'élitisme et de négliger certaines activités essentielles, comme la gestion administrative, ou certaines populations, comme le personnel d'exécution, qui constituent en vérité la base du fonctionnement au quotidien de l'entreprise.

Si cette remarque est sans doute pertinente, la maîtrise d'un tel risque ne passe pas en revanche, selon nous, par l'abandon de tout effort de mesure et de pilotage. Il faudra simplement se méfier de toute évaluation trop superficielle et ne jamais oublier que l'on ne peut progresser vers des projets plus ambitieux que si les bases du fonctionnement au quotidien sont bien assurées.

Mesurer avec fiabilité les impacts sur la création de valeur

Il s'agit d'un vrai défi et les réponses ne sont pas évidentes.

Résumé des difficultés et diagnostic sommaire

Nous avions envisagé pour la société Lambda d'évaluer statistiquement la contribution de ses investissements en RH à ses performances « business » économiques et commerciales.

Pour ce faire, un site de production important avait été sélectionné et la pré-étude fut menée en collaboration avec la direction du site et ses équipes RH et contrôle de gestion.

Les cinq principales pratiques correspondant à des investissements en RH furent sélectionnées : démarche compétences, entretien annuel, cercles de qualité, augmentations individuelles, communication.

Par ailleurs, les principaux critères de performance technique, productive, commerciale et sociale ont pu être identifiés avec l'aide du contrôle de gestion.

Le travail ne fut cependant pas mené à son terme pour deux raisons. D'une part, une charge de travail trop importante ; d'autre part, des insuffisances dans la méthode proposée :

- Il est assez facile d'évaluer quantitativement l'investissement en RH, par exemple le nombre et la durée moyenne des entretiens. Mais, pour un tel sujet, la dimension qualitative est essentielle (les entretiens sont-ils bien menés et avec quels résultats ?), laquelle est bien plus difficile à apprécier.
- L'évolution des indicateurs de performance finale est certes fonction des investissements en RH, mais aussi de nombreux autres facteurs comme les investissements matériels, le changement des managers, etc.

Cette dernière objection peut, il est vrai, être aussi avancée pour les calculs de rentabilité attendue des investissements matériels, la rentabilité finalement observée résultant là aussi de l'influence d'une combinaison de facteurs.

Au-delà de cet exemple de tentative avortée, on constate que la capacité de mesure de l'impact d'un investissement en RH sur les performances finales varie fortement en fonction du sujet traité.

Nous proposons donc les recommandations suivantes, différenciées en fonction des thèmes abordés, et déclinées en quatre étapes.

Exiger au minimum un critère repérable de succès

Un projet RH ne devrait jamais être lancé sans la définition préalable d'un tel critère. Par exemple, quel est le critère de succès d'un projet d'actionnariat des salariés : les sommes recueillies, le nombre de nouveaux actionnaires, la durée de détention des actions ? Cherche-t-on d'abord à bénéficier de financements complémentaires, à décourager des OPA hostiles, à fidéliser les meilleurs collaborateurs ou à motiver l'ensemble du personnel ?

Trop souvent, compte tenu des exigences de performance à court terme, le passage rapide à l'action devient en effet plus important que l'atteinte du résultat.

Notre expérience nous a montré qu'une définition précise des critères de succès conduit souvent à changer la nature même du projet.

Rechercher une mesure de la performance intermédiaire technique (qualité, disponibilité, productivité) et/ou sociale

Lorsque la performance intermédiaire est technique, cette mesure peut être du ressort de la qualité, de la disponibilité ou de la productivité.

EXEMPLE

Impact de la formation sur le taux de panne des machines ou la qualité des produits.

Conséquences d'une attribution de bonus et/ou de stock options sur le taux de turn-over des individus clés.

Impact du développement de la communication interne sur les résultats de l'enquête de climat social.

Calculer la rentabilité économique de l'investissement en RH

Cette étape ultime n'est pas toujours envisageable. On commence alors par évaluer les impacts techniques puis on les valorise.

Cette analyse est par exemple possible quand on évalue la rentabilité des investissements d'amélioration de la sécurité au travail.

Autre exemple, on sait mesurer le coût de l'absentéisme ou du turn-over de certaines catégories de personnel…

Prendre en compte l'identification puis la valorisation des risques

Ce peut être un risque économique lié à la dérive des coûts ; mais il peut s'agir d'un conflit social, ou encore d'un risque judiciaire de nature pénale…

Traitement des délocalisations, restructurations et modifications de périmètre

Nous avons surtout jusqu'à présent abordé l'évaluation des investissements permettant de développer les RH.

Mais la même méthode d'identification, de mesure puis de valorisation des impacts peut aussi être utilisée avec profit pour des décisions plus douloureuses comme les restructurations et les plans sociaux.

Nous sommes en effet persuadés que le processus de décision sur de tels sujets s'appuie trop souvent sur une analyse économique incomplète qui sous-estime ou néglige certains impacts indirects critiques pour la rentabilité à moyen terme : a-t-on pris en compte l'impact sur la qualité, les difficultés associées à la perte de compétences clés, le risque d'être copié ou la moindre réactivité commerciale dans le cas d'une délocalisation ? N'a-t-on pas sous-estimé la longueur des délais nécessaires pour la fin des négociations et le respect des contraintes légales entraînant alors un impact évident sur le coût total de l'opération… ?

Autrement dit, il faut se positionner pour ce type de décisions dans le cadre d'une analyse multicritères. On pourra utiliser par exemple une trame telle que celle-ci pour éclairer une décision de délocalisation d'activités de production.

CRITÈRES	PONDÉRATION	NOTE D'ÉVALUATION
Les frais directs de main-d'œuvre La qualité de la production La réactivité et rapidité d'adaptation aux évolutions du marché L'analyse de risques Etc.		
Évaluation globale		

Pour les opérations de restructuration, l'analyse des risques devra être conduite avec un soin tout particulier.

Le schéma de synthèse suivant tiré d'un séminaire animé pour le compte des *Échos formation* permet d'en dresser le panorama.

Le panorama des risques d'une opération de restructuration

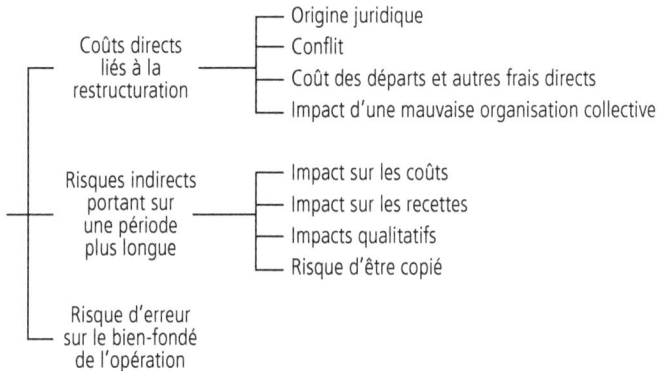

```
                          ┌── Origine juridique
      Coûts directs       ├── Conflit
   ┌─ liés à la    ───────┼── Coût des départs et autres frais directs
      restructuration     └── Impact d'une mauvaise organisation collective

      Risques indirects   ┌── Impact sur les coûts
   ┌─ portant sur  ───────┼── Impact sur les recettes
      une période         ├── Impacts qualitatifs
      plus longue         └── Risque d'être copié

      Risque d'erreur
   └─ sur le bien-fondé
      de l'opération
```

Dans ce schéma, on distingue deux catégories de risques.

Les coûts directs liés à la restructuration

Ils peuvent dériver à la hausse de manière significative par rapport aux prévisions, et ce pour plusieurs raisons.

Cela peut être dû à des risques d'origine *juridique*. Une erreur de calendrier dans les annonces et/ou le non-respect du cadre légal (délit d'entrave, etc.) peut conduire à une réintégration du personnel imposée par le tribunal.

Sans compter qu'une guérilla juridique imposée par les partenaires sociaux provoquera un allongement des délais et donc un accroissement des coûts de l'opération.

Un risque d'une autre nature peut être un *conflit social* ouvert ou larvé avec baisse ou arrêt de la production.

Mais il peut aussi bien s'agir d'une *mauvaise estimation du coût* des départs et autres frais directs. Le nombre des départs volontaires peut être inférieur aux prévisions. Par ailleurs, compte tenu de l'augmentation du nombre d'annuités nécessaires et de la flexibilité plus grande de l'âge de départ à la retraite, les prévisions sur les mesures d'âge et les départs naturels peuvent se révéler erronées entraînant des licenciements secs plus coûteux supérieurs aux prévisions. Enfin, les prestations des intervenants externes (avocats, outplacement, etc.) peuvent être plus chères que prévu.

Un autre risque direct peut être l'impact sur les coûts d'une *mauvaise organisation collective* de la restructuration. Une clarification insuffisante des responsabilités entre les différentes catégories d'acteurs (DRH, management, intervenants externes) nuira à la qualité de la gestion de projet avec des conséquences négatives sur les coûts.

Enfin, « pendant les travaux, la vente continue », et une mauvaise gestion de crise rendra plus difficile la poursuite des opérations courantes de vente et de production.

Les risques indirects portant sur une période plus longue

Ils sont à la fois plus graves et moins visibles.

Lors d'un plan social, les premiers collaborateurs à partir sont en général ceux ayant le plus d'ancienneté dans le cadre des mesures d'âge. De même, les départs volontaires touchent généralement les meilleurs éléments. Il en résulte des pertes cruciales de compétences pouvant provoquer ensuite des dysfonctionnements graves.

Ainsi, l'entreprise Lambda, suite aux départs de toute une génération de salariés, eut du mal, un an plus tard, à réaliser dans les délais un chantier important concernant la vente d'un prototype. Elle perdit ensuite pour cette raison un marché crucial pour son développement futur.

Par ailleurs, on constate souvent, suite à une démotivation générale, une baisse de la qualité du service et de l'efficacité des commerciaux, ce qui peut conduire à des pertes de part de marché.

Enfin, un plan social entraîne parfois une dégradation de l'image générale avec des conséquences à moyen terme : difficulté d'embaucher de bons éléments, impact commercial, attitude plus réservée des décideurs politiques, etc.

Cibler les investissements RH sur les populations clés créatrices de valeur ?

Résumé de la logique

La fonction RH créera de la valeur en investissant en priorité sur les populations clés : managers et hauts potentiels plus les autres postes clés.

Elle applique ainsi une démarche marketing de ciblage basée sur une segmentation de ses clients internes, ce qui lui permet d'optimiser l'utilisation de ses ressources en les affectant de préférence aux populations prioritaires de l'entreprise.

Tentative d'évaluation

On distingue des aspects positifs : l'optimisation de l'utilisation de ressources limitées ; le respect d'une logique de subsidiarité et de démultiplication : « on descend l'escalier » en commençant par les niveaux hiérarchiques supérieurs.

Toutefois, une telle démarche risque d'être basée sur une typologie artificielle et de conduire à une approche élitiste (« s'occuper seulement des grands chefs ») qui menacerait la cohésion sociale.

C'est une tendance que l'on constate notamment dans certaines entreprises anglo-saxonnes. La structure RH ne s'intéresse qu'aux managers et jeunes à potentiel. Tous les efforts de développement des compétences, de gestion des carrières et de motivation leur sont consacrés. Les autres populations (employés, ouvriers et maîtrise) sont considérées comme moins importantes et peuvent quitter l'entreprise si elles ne sont pas satisfaites. Mais, si leurs collaborateurs ne sont pas compétents et motivés, leurs supérieurs hiérarchiques pourront-ils seuls réaliser les performances attendues ?

Un DRH client, hostile à cette approche, me racontait l'histoire suivante : « Le soir quand je quitte mon bureau, ma corbeille est pleine et la poussière s'est accumulée sur les meubles. Par chance, plus tard, une femme de ménage vient tout nettoyer, ce qui me permet, le lendemain matin, de travailler à nouveau dans des conditions correctes. Mais, pour vous, cette femme de ménage n'appartiendra pas à une population prioritaire créatrice de valeur. »

Autrement dit, les collaborateurs les plus importants ne sont pas toujours ceux auxquels on pense de prime abord.

Les différentes utilisations de l'évaluation de la création de valeur RH

Le schéma de la page suivante les résume en les déclinant selon quatre axes complémentaires.

Le respect du code d'éthique interne avec un contrôle (axe contrôle) sous la forme d'audits relève de préoccupations proches mais distinctes, et est mentionné pour mémoire.

Les trois axes de création de valeur ajoutée sociale appellent les remarques suivantes.

L'axe « actions »

Il permet de prioriser les processus et les projets RH en fonction de leur contribution à la création de valeur. Il aidera donc à sélectionner les principaux projets du plan d'action annuel.

L'axe « communication »

La fonction RH doit sortir de sa posture défensive et montrer que, autant sinon plus que les autres fonctions avec lesquelles elle est en concurrence pour l'allocation des ressources budgétaires, elle contribue à la création de valeur financière pour l'entreprise. Il est souvent plus rentable d'investir dans de la formation que dans une nouvelle machine.

Les utilisations de l'évaluation de la création de valeur RH

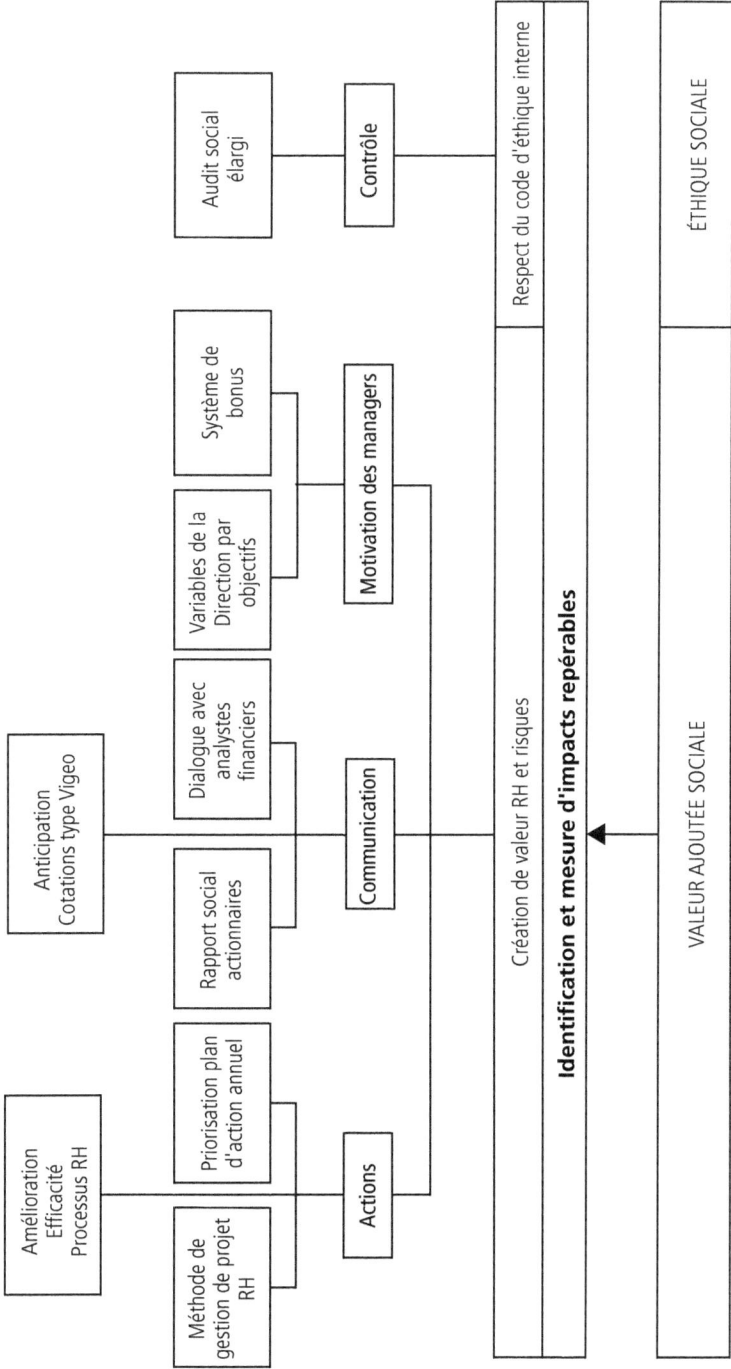

Amélioration
Efficacité
Processus RH

Anticipation
Cotations type Vigeo

Audit social
élargi

Méthode de
gestion de projet
RH

Priorisation plan
d'action annuel

Rapport social
actionnaires

Dialogue avec
analystes
financiers

Variables de la
Direction par
objectifs

Système de
bonus

Contrôle

Actions

Communication

Motivation des managers

Création de valeur RH et risques

Respect du code d'éthique interne

Identification et mesure d'impacts repérables

VALEUR AJOUTÉE SOCIALE

ÉTHIQUE SOCIALE

100

Voilà pourquoi elle communiquera en interne mais aussi en externe sur ses contributions. La partie qui lui est consacrée dans le rapport annuel aux actionnaires mettra l'accent sur des résultats mesurables constatés. Les cotations externes d'agences comme Vigeo seront anticipées et considérées non plus comme une contrainte mais comme une opportunité de faire mieux connaître les progrès réalisés. Et, dans la mesure du possible, le directeur des RH participera à certaines des réunions avec les analystes financiers (les fameux « road shows ») mais seulement s'il a au préalable construit une communication adaptée, basée sur sa contribution à la création de valeur.

L'axe « motivation des managers »

Certes, la fonction RH est « business partner » au service des managers, mais ceux-ci doivent aussi assumer leurs responsabilités en matière de RH et de développement de leurs équipes.

C'est la raison pour laquelle, on définira des « Key Performance Indicators » dans le domaine des RH, qui seront examinés lors de leur entretien annuel et pris en compte dans le calcul de leur bonus.

Conséquences pour la gestion de projet et la gestion de processus

L'impact principal est le même dans les deux cas : accorder une importance particulière à l'identification de critères de succès repérables, et donc inclure ces critères dans les documents supports.

Pour la gestion de projet

La logique amont

Lors du lancement de chaque projet RH, il faut s'imposer de définir les critères de succès repérables du projet et pas seulement son coût et son délai. Ce n'est pas un simple exercice intellectuel mais un facteur clé pour le succès du projet.

Les conséquences sur les documents supports

La deuxième partie de la fiche de lancement est consacrée à l'étude d'opportunité et distingue l'impact financier des autres justifications repérables du projet.

Pour la gestion de processus

La logique amont

Là encore, il ne faut pas se limiter aux critères de coût et de délai. En sélectionnant des indicateurs ou repères de qualité du service, on sera amené à se poser les bonnes questions.

Par exemple, rien ne sert d'être capable de recruter vite et pour un faible coût de nouveaux collaborateurs s'ils ne sont pas ensuite performants dans leur nouveau poste.

Parmi les critères de qualité pouvant être suivis à un rythme semestriel ou annuel, on pourra par exemple envisager, d'une part, le taux d'échec au bout de deux ans (période d'essai non terminée, licenciement ou démission), d'autre part, les résultats de l'entretien annuel.

Les conséquences sur les documents supports

Des indicateurs ou repères de qualité du service sont prévus dans la trame.

Quatre exemples concrets de mesure de la création de valeur

Les exemples que nous avons choisis sont très différents.

L'étude du projet « sécurité du travail » est un exemple qui nous est favorable car il permet de chiffrer assez facilement l'impact sur la création de valeur.

L'évaluation de l'impact de la formation est plus difficile, mais l'on constate actuellement des progrès dans ce domaine.

L'analyse de l'impact économique d'un SIRH est trop souvent une illustration des erreurs à ne pas commettre car on se limite au calcul de réduction des coûts.

Enfin, le paragraphe consacré aux enquêtes auprès du management vise moins à évaluer l'impact d'un projet donné qu'à présenter une démarche utile de recueil des données sur la création de valeur de la fonction RH.

L'étude d'un projet « sécurité du travail »

Au-delà des aspects humains, et d'un strict point de vue économique, on peut démontrer que l'investissement dans la prévention des accidents du travail est un investissement rentable comme le montre l'exemple illustré dans les encadrés ci-après.

1. LE CADRE GÉNÉRAL

Objectif visé

- *Réduire la fréquence des accidents du travail*
- *Se prémunir contre les risques d'incident majeur susceptible de dégrader l'image du groupe et d'impact judiciaire avec passage au pénal*

Description du projet

Formation de l'encadrement par la société Lambda afin qu'ils réussissent à faire évoluer le comportement de leurs opérateurs avec une meilleure appropriation de la culture sécurité.

Acteurs principaux

La maîtrise d'ouvrage : le directeur de la branche et les directeurs de sites.

Le responsable du projet : Monsieur Y, directeur environnement, hygiène et sécurité.

Les autres interlocuteurs clés : les correspondants sécurité et les membres des CHSCT (comités hygiène et sécurité).

2. MODALITÉS DE MISE EN ŒUVRE ET ÉTUDE D'OPPORTUNITÉ

Les phases et le calendrier

- *La formation initiale de l'encadrement*
- *La formation des auditeurs*
- *La réalisation des audits annuels*

Les ressources utilisées

Ressources internes : le temps des cadres formés et des auditeurs.

Ressources externes : la prestation de la société Lambda.

Les variables de résultat

La réduction du nombre annuel d'accidents du travail

(le taux de gravité, généralement faible, n'est pas pris en compte).

L'étude économique d'opportunité

Analyse des coûts

- *Coût de la formation initiale de l'encadrement : 100 K€ au total dont :*

100 personnes pour deux jours chacune, soit 200 jours à comparer à une masse salariale chargée individuelle de 70 K€ pour 220 jours. Le coût sera donc de (200 / 220) x 70 K€ soit 63 K€ de masse salariale chargée plus 7 K€ de frais de mission, soit 70 K€.

Le coût de la société Lambda, 30 K€, qui est la prestation formation externe, s'ajoute aux 70 K€ de coût interne pour obtenir le coût total de 100 K€ de la formation initiale de l'encadrement.

- *Coût de la formation de 40 auditeurs : 50 K€*

Masse salariale chargée plus frais de mission plus coût du prestataire

- *Coût annuel des audits : 50 K€*

40 auditeurs faisant chacun 3 audits d'une journée par an soit 50 K€ par an avec les frais de mission.

Le calcul de la rentabilité et la recherche du point mort

- *Coût total annuel : 80 K€*

Avec un investissement initial amorti sur 5 ans, il sera de 50 K€ annuel de coût de ces audits plus 30 K€ (150 K€ /5) d'amortissement soit 80 K€.

- *Indépendamment des considérations éthiques, le coût moyen d'un accident du travail est de 10 K€*

Ce coût comprend deux parties : la dépense résultant du coût du remplacement partiel du salarié accidenté plus l'augmentation des cotisations obligatoires dont l'assiette est calculée sur la base des accidents réellement constatés.

- *Point mort de l'opération*

Il représente donc un gain de 8 accidents par an sur un total de 130 en 2000, soit un progrès nécessaire de 6 %.

La formation

Comment évaluer la création de valeur par un investissement en formation ? Un calcul rigoureux de taux de rentabilité interne est certes utopique.

Pour calculer ce taux, il faut rapprocher les dépenses investies des gains réalisés. Le calcul des dépenses réelles nettes est parfois moins aisé qu'il n'y paraît (*cf.* plus bas) mais reste possible.

L'évaluation des gains est en revanche rarement possible de manière rigoureuse. Dans certains cas, on peut mesurer une amélioration spécifique imputable directement à la formation puis valoriser son impact.

Par exemple, une formation à la gestion de trésorerie permettra de réduire le nombre de jours de valeur perdus ; une formation technique conduira à l'augmentation du temps d'utilisation d'une machine. Et ces impacts peuvent ensuite être valorisés.

Mais la plupart du temps, identifier des impacts attendus aussi précis n'est pas évident. Et surtout les résultats constatés peuvent résulter d'autres causes que la seule formation. Toutefois, des progrès significatifs sont possibles.

Mesurer les coûts

Les coûts engagés pour la formation sont de trois types :
- les investissements amont réalisés pour la préparation, notamment par exemple pour la confection des supports de « e-learning » ;

– le coût éventuel des prestataires externes et les frais logistiques (location de salle, etc.) ;
– les dépenses associées aux stagiaires : les frais éventuels de mission dans le cas de formations externes mais surtout le coût du remplacement par des intérimaires (entre autres choses) de certains de ces salariés. C'est ce dernier poste qui est le plus difficile à évaluer.

Évaluer les impacts en matière de création de valeur

L'évaluation à chaud de la satisfaction des salariés en fin de stage est certes utile mais insuffisante. La vraie évaluation est celle à laquelle le manager procède à froid, sur le lieu de travail, après le retour de formation des salariés.

Pour y parvenir, il faut que des critères repérables de succès aient été déjà prévus en amont, dans l'expression du cahier des charges de la formation. Il suffira alors de vérifier leur réalisation.

Ces critères pourront être de deux natures :
– l'amélioration de la performance (amélioration de la qualité d'un produit, réduction du taux de panne d'une machine, augmentation du nombre de factures traitées, etc.) ;
– l'atteinte du degré de compétence requis pour l'emploi type, à condition de pouvoir valider de manière fiable la maîtrise de cette compétence, par exemple lors de l'entretien annuel.

En conclusion, on aura intérêt à investir en amont dans la définition précise du besoin de formation, ce qui permettra de mieux optimiser l'investissement réalisé.

Faut-il par ailleurs toujours réaliser une évaluation à froid ? Cela sera particulièrement utile dans le cas de formations répétitives dépassant un certain seuil de dépenses. Autre exemple, le budget d'une formation pour une nouvelle application informatique était séparé en deux parties. Après l'investissement des trois premiers quarts, une évaluation à froid des résultats obtenus a permis d'affecter le dernier quart à la correction des insuffisances constatées.

L'impact économique du SIRH

La diversité des objectifs visés

Il y a quelques années, le développement du SIRH commençait presque toujours par le module paie. Mais ce n'est plus toujours le cas. Certaines entreprises démarrent par exemple avec une base de données cadres, destinée à favoriser la mobilité et la gestion des carrières.

EXEMPLE

Pour une grande entreprise publique, au travers du SIRH, l'objectif visé était de passer d'une logique de grades à une logique de compétences.

Pour un grand groupe de l'aéronautique, le déploiement du SIRH fut le levier retenu pour progresser vers le langage commun et la standardisation des processus entre les différentes entités du groupe, réparties sur plusieurs pays.

On voit donc par ces quelques exemples que les critères de décision d'un SIRH sont souvent assez larges et politiques. De plus, le succès de tels investissements dépend généralement non de facteurs informatiques mais de la qualité des processus fonctionnels et de l'organisation amont, de la simplicité des schémas de paie, de la pertinence de la répartition des tâches entre fonctionnels et opérationnels...

Compte tenu de ce diagnostic, la présentation d'un modèle d'analyse de l'impact économique du module «gestion administrative» d'un SIRH est forcément réductrice, mais peut néanmoins être utile.

L'impact économique du SIRH pour un module « gestion administrative »

Le SIRH a des impacts directs :
- gains de productivité sur la gestion administrative ;
- solde net en temps de consultation et d'introduction pour les opérationnels ;
- réduction des sommes versées indûment (...).

Il a aussi des impacts indirects sur la motivation du personnel et le mode de management :
- le lien entre la disponibilité des données et la capacité d'auto-organisation des équipes ;

– la rigueur du contrôle pouvant être modulée en fonction de la confiance accordée (…).

Vision de synthèse

On distingue quatre composantes du SIRH avec une capacité de mesure décroissante des impacts et un enjeu réel croissant :
- c.1 les coûts directs informatiques (*cf.* le coût des liaisons télécom, etc.) ;
- c.2 les coûts directs non informatiques de mise en œuvre des processus répétitifs et l'impact sur l'emploi administratif (*cf.* la transmission des Élements Variables d'Activités (EVA), etc.) ;
- c.3 les gains qualitatifs associés à l'amélioration des processus de développement des RH ;
- c.4 la contribution à la maîtrise des risques.

DÉBIT	CRÉDIT
Investissement initial ①	Somme actualisée des gains annuels ② a) Écart sur coûts directs informatiques b) Écarts sur coûts directs non informatiques de mise en œuvre des processus répétitifs c) Gains qualitatifs d) Contribution à la maîtrise des risques
Résultat net ③ = ② − ①	

En conclusion, la création de valeur peut donc être atteinte de différentes manières :
- réduction des coûts directs amont de fonctionnement ou d'investissement ;
- création de valeur ;
- réduction des nuisances ou maîtrise des risques.

Le pilotage de la création de valeur commence par une vision précise, partagée et contrôlable des impacts attendus.

Enquêter auprès du management et des salariés

Les objectifs visés

Pour évaluer la performance RH dans sa totalité, il faut à la fois apprécier ses coûts et la qualité de son service. Et la meilleure manière d'apprécier la qualité du service est bien sûr d'interroger les clients de la structure RH, à savoir les managers et l'ensemble du personnel.

En fonction des résultats obtenus, on pourra décider de réduire les dépenses de certains domaines, ou au contraire d'investir plus dans d'autres.

Il faut néanmoins tenir compte du fait que les résultats d'une enquête sont moins révélateurs que leur évolution dans le temps.

Proposition d'une trame d'enquête

Chaque entreprise devra définir sa propre trame en fonction de ses besoins spécifiques.

Le projet de trame joint en page 110 n'est donc proposé qu'à titre indicatif. Il comprend trois parties :
– une vision de synthèse quantifiée de l'appréciation globale des opérationnels englobant l'identification de leurs besoins et la qualité de la contribution de la structure RH ;
– une analyse détaillée domaine par domaine ;
– une conclusion qualitative sur des pistes de progrès.

Enfin, lors de l'élaboration de la trame, il faut prévoir les modalités d'analyse de ses résultats, avec notamment les typologies de populations et les consolidations intermédiaires.

Les étapes du processus

Le déroulement d'une enquête est un processus en soi qui comprend les principales étapes suivantes :
– préparation du projet, du contenu de la trame et des modalités de recueil des données, avec notamment le choix de l'échantillonnage ;
– communication interne et lancement du projet ;
– recueil des données ;
– analyse des résultats et élaboration du diagnostic et du plan d'action, puis mise en œuvre.

Les modalités pratiques de recueil puis d'analyse des données

Les personnes sélectionnées dans l'échantillon reçoivent un courrier leur demandant de répondre à l'enquête en utilisant généralement le réseau intranet de l'entreprise. La confidentialité doit être assurée et des logiciels spécialisés assurent les consolidations nécessaires.

Une bonne idée est de comparer les résultats issus de deux échantillons, l'un sélectionné dans la structure RH et l'autre parmi les opérationnels.

L'analyse des résultats sera généralement réalisée par la même équipe qui a défini la trame ; elle sera complétée si possible par quelques managers.

Conclusion

Ce livre est à la fois un livre technique proposant des méthodes de travail à des professionnels et un livre de conviction s'appuyant sur des valeurs.

Ces deux éclairages sont complémentaires et méritent d'être abordés successivement dans notre conclusion.

Un préalable : rigueur et professionnalisme

Rappel du modèle proposé

Nous sommes partis de définitions et d'un langage commun pour aborder ensuite les principaux leviers du développement de la performance RH.

Deux catégories de leviers ont été distinguées. En premier lieu, on trouve les leviers d'optimisation des coûts. Ils concernent à la fois la productivité collective (démarche processus, système d'information, standardisation, mutualisation et externalisation) et la productivité individuelle résultant du développement des compétences et d'un effort de reconnaissance mais aussi de pression managériale.

En second lieu, on trouve les leviers qui contribuent à la création de valeur et portent notamment sur un projet structuré et une approche systémique du développement des RH.

La troisième partie de l'ouvrage est consacrée au système de pilotage et comporte elle-même deux étapes.

Nous avons commencé par définir les bases de tout système de pilotage RH de qualité : après la satisfaction de quelques préalables portant notamment sur la répartition des responsabilités et l'existence de priorités claires, le travail commence par l'élaboration d'un référentiel précis de politiques, processus, objectifs et projets. Il se poursuit ensuite par la mise en place d'un dispositif de suivi et de contrôle en veillant à bien distinguer tableau de bord social et reporting, et en ayant à l'esprit que la production de trames sera souvent inutile si elle ne s'accompagne pas d'un bon dispositif d'animation.

Lors de l'étape suivante, et c'est une des spécificités de cet ouvrage, le système de pilotage RH sera mis au service de l'évaluation de la création de valeur avec comme prérequis de surmonter alors des obstacles à la fois culturels et techniques.

En particulier, les méthodes de gestion de projet et de processus seront adaptées pour tenir compte de cette orientation.

Quelques facteurs clés de succès

Un fonctionnement en mode projet et une persévérance dans la durée

Le développement des performances RH et la création d'un système de pilotage digne de ce nom relèvent sans doute de deux projets distincts mais qui reposent sur des préalables identiques :
- la disponibilité et la qualité du chef de projet et des contributeurs ;
- la continuité de l'effort, le plus souvent, durant plusieurs années ;
- une vision claire et complète de l'architecture de la cible mais un chemin progressif pour l'atteindre.
- une bonne maîtrise technique des sujets abordés et un véritable professionnalisme.

Une forte implication du management dès le début du projet

Un projet RH ne signifie pas que ce sera un projet exclusivement piloté et animé par la structure RH. Si le management ne se sent pas vraiment partie prenante et ne contribue pas activement, l'échec est assuré.

En particulier, pour le système de pilotage, après sans doute une période initiale d'apprentissage où le système sera limité au fonctionnement interne de la structure RH, il faudra aussi vite que possible l'intégrer dans le cycle annuel de gestion du pilotage business.

Une lucidité à toute épreuve

On devra notamment comprendre que système de pilotage réel et système de pilotage formel ne coïncident pas toujours. Certains objectifs sensibles comme les fermetures de sites resteront secrets, et donc exclus du système de pilotage formel.

Le processus de décision en situation de crise ou de rupture (conflit social, fusion, etc.) sera d'une tout autre nature et échappera aux règles communes.

Un grand projet structurant pourra relever d'une démarche apprenante et échapper à la logique d'un système de pilotage classique.

EXEMPLE

Une démarche compétences innovante au sein d'un grand groupe industriel présentera les caractéristiques suivantes :
- un projet qui se développe sur une dizaine d'années ;
- un pilotage réactif basé sur un apprentissage organisationnel plutôt que la réalisation progressive d'une cible figée définie à l'avance ;
- un système de pilotage formel seulement partiel avec certains objectifs réels pas toujours explicités comportant des tableaux de bord locaux mais sans consolidation globale pour l'ensemble du projet.

Alors faut-il se décourager à l'avance et ne pas entreprendre les réformes préconisées dans ce livre ? Bien sûr que non, mais « un homme averti en vaut deux », et lorsque l'on connaît à l'avance les obstacles, on sera mieux à même de les surmonter.

La primauté du système de valeurs sur les dispositifs techniques

Rigueur et professionnalisme sont des conditions nécessaires mais non suffisantes. En amont, il y a le préalable du système de valeurs.

Mieux vaut des dirigeants avec une culture humaniste, des valeurs et une véritable conviction, mais une faiblesse du système d'information et une absence de pilotage formalisé que l'inverse, l'idéal étant bien sûr de satisfaire l'ensemble de ces conditions.

Cependant, restons réalistes. D'abord, la recherche d'efficacité peut conduire le responsable à ne pas trop afficher dans l'entreprise ses valeurs personnelles ; le prosélytisme n'est à juste titre pas très bien vu et ce peut être une faute de goût de mélanger la sphère professionnelle et la sphère personnelle. Autrement dit, un devoir de réserve s'impose. Ensuite, il est indispensable de tenir compte des équilibres en cours et des valeurs implicites qui structurent la vie de l'entreprise dans laquelle on se trouve.

Toutes les entreprises seront d'accord pour réduire les coûts de leur structure RH à qualité de service et création de valeur identiques. Mais combien d'entre elles placeront aujourd'hui dans leurs priorités le développement de cette création de valeur ? Combien considéreront que la qualité de leur capital humain représente leur principale source de compétitivité et de rentabilité à moyen terme ? Combien incluront dans leur réflexion stratégique business la nécessité d'avoir un personnel stable, compétent et motivé, associé au projet de l'entreprise… ?

La recherche d'efficacité conduira alors le professionnel des RH à faire preuve de modestie et de lucidité : il commencera par identifier la culture dominante, le modèle de référence de son entreprise en matière de RH.

Dans certains cas, ce sera un modèle de rentabilité financière à court terme, les ressources humaines étant considérées comme des ressources banalisées, qui ne requièrent pas une particulière attention. Dans d'autres, elles se situeront au centre du système.

Le choix du modèle dépendra à la fois de facteurs objectifs comme le secteur de l'entreprise (industrie de base avec une main-d'œuvre nombreuse et peu formée, ou industrie de pointe comme l'informatique ou l'industrie pharmaceutique), sa situation financière et concurrentielle, et des convictions personnelles des principaux dirigeants et actionnaires.

Ce choix conditionnera fortement celui des leviers de développement de la performance RH et du système de pilotage qui les accompagne.

Bien sûr, si le modèle de son entreprise est celui de la rentabilité à court terme qui ne retient dans la performance RH que la composante de réduction des coûts, le responsable RH ne devra pas forcément se résigner, mais il devra alors raisonner autrement. Il commencera par identifier les causes de ce modèle, par distinguer les contraintes objectives des erreurs de raisonnement, et son travail de conviction sera sans doute alors plus long et difficile avec des risques de découragement.

Retenons deux idées maîtresses.

La performance RH repose tout d'abord sur des valeurs et des comportements, et seulement ensuite sur des leviers techniques de développement et un système de pilotage formalisé. Mais si tous ces facteurs sont réunis, alors nous déplacerons des montagnes.

Enfin, il n'y a pas de performance RH en soi, elle n'est qu'un des leviers de la performance financière. Cependant, la seule performance financière valable pour nous est la performance financière à moyen terme, celle qui est ancrée dans la durée.

Et, dans ce cas, pas toujours mais la plupart du temps, le développement du capital humain est un levier prépondérant du succès de l'entreprise. C'est dans ce sens que le contenu de ce livre s'applique et devient alors totalement légitime, voire indispensable.

Les défis de la performance Ressources humaines sont complexes et nombreux, mais nous les relèverons.

Annexes

ANNEXE 1

Fiche de gestion de projet

PREMIÈRE PARTIE. PRÉSENTATION GÉNÉRALE

Intitulé du projet

```
┌──────────────────────────────────────────┐
│                                          │
│                                          │
│                                          │
└──────────────────────────────────────────┘
```

Le cadre général : *contribution attendue et objectif visé*

```
┌──────────────────────────────────────────┐
│                                          │
│                                          │
│                                          │
└──────────────────────────────────────────┘
```

Description du projet et périmètre

```
┌──────────────────────────────────────────┐
│                                          │
│                                          │
│                                          │
└──────────────────────────────────────────┘
```

Facteurs clés de succès

```
┌─────────────────────────────────────────────────────────┐
│                                                         │
│                                                         │
│                                                         │
│                                                         │
│                                                         │
└─────────────────────────────────────────────────────────┘
```

Acteurs principaux

```
┌─────────────────────────────────────────────────────────┐
│                                                         │
│                                                         │
│                                                         │
│                                                         │
│                                                         │
└─────────────────────────────────────────────────────────┘
```

DEUXIÈME PARTIE. ÉTUDE D'OPPORTUNITÉ

Impact financier

INVESTISSEMENT TOTAL	ANNEE	ANNEE	ANNEE	TOTAL
Dont dépenses				
Dont autres				

a) Le coût de l'investissement initial

b) L'évaluation du bénéfice d'exploitation associe

- *Bilan annuel*
    - + Gain brut annuel :
    - – Charge d'exploitation supplémentaire :
    - = Gain net annuel :

- *Gain net actualisé*

    Nombre d'années d'exploitation :

    Taux d'actualisation :

c) Rentabilité nette escomptée

- + Gain net actualisé :
- – Investissement total :
- = Bénéfice net escompté :

Autres justifications et impacts du projet

Le respect des obligations légales et autres contraintes

Les autres impacts et justifications

TROISIÈME PARTIE. TABLEAU DE SUIVI

Libellé :			Pilote : Date de mise à jour :			
Plan d'action/ phase	Résultat attendu	Acteurs	Moyens		Date échéance	
			Prévus	Réels	Prévue	Réelle

VERT		COMMENTAIRES ET DÉCISIONS À PRENDRE
ORANGE		
ROUGE		

Trame de description d'un processus

Libellé du processus :	Date de mise à jour :
	Rédigé par :

PREMIÈRE PARTIE : FICHE DE SYNTHÈSE

DÉFINITION

Mission et objectifs

Champ d'application et populations concernées

Découpage éventuel en sous processus

```




```

Processus amont, aval et autres interfaces

```




```

ACTEURS CLÉS ET AUTRES RESSOURCES

Responsable du processus :

Autres acteurs clés :

Autres ressources nécessaires :

PILOTAGE DU PROCESSUS

Indicateurs coût et délai (seuil et cible)

Indicateurs ou repères qualité du service (seuil et cible)

DEUXIÈME PARTIE : DESCRIPTION DÉTAILLÉE

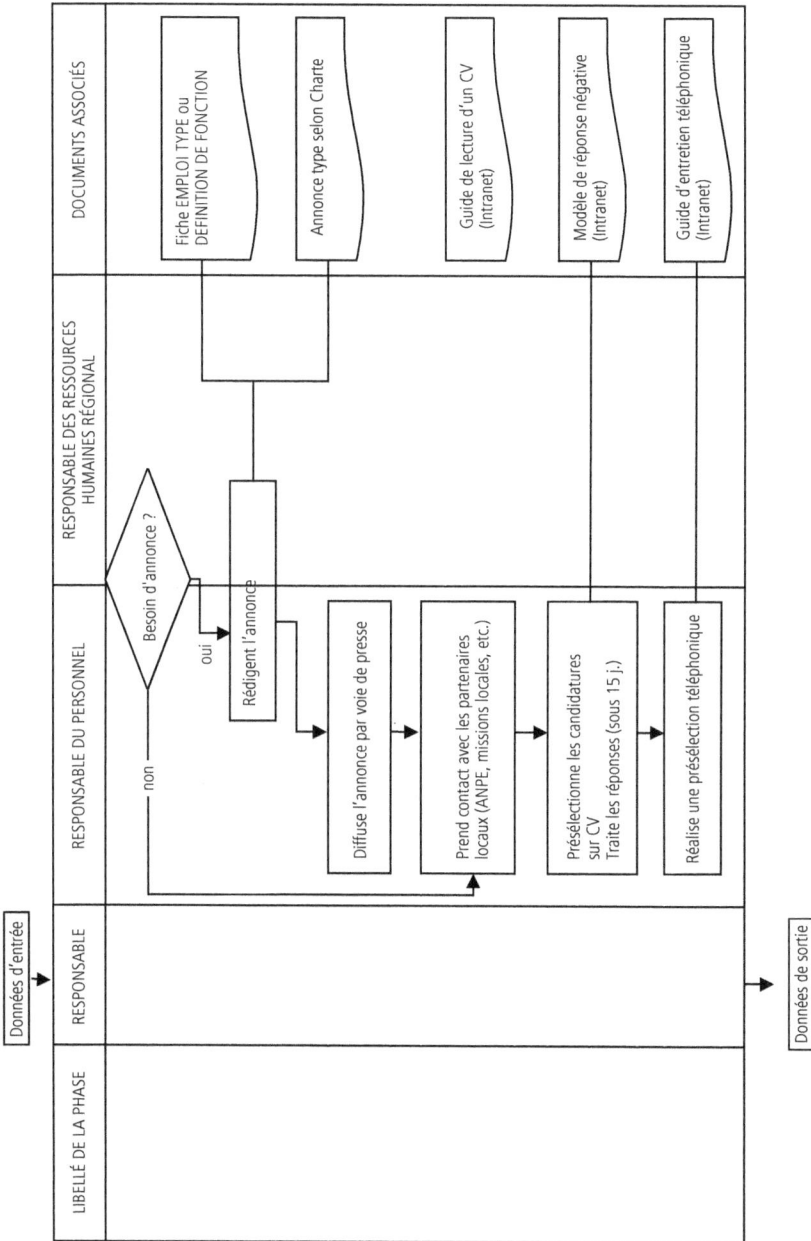

DOCUMENTS ASSOCIÉS	RESPONSABLE DES RESSOURCES HUMAINES RÉGIONAL	RESPONSABLE DU PERSONNEL	RESPONSABLE	LIBELLÉ DE LA PHASE

Données d'entrée

Besoin d'annonce ?
non
oui

Rédigent l'annonce

Diffuse l'annonce par voie de presse

Prend contact avec les partenaires locaux (ANPE, missions locales, etc.)

Présélectionne les candidatures sur CV
Traite les réponses (sous 15 j.)

Réalise une présélection téléphonique

Fiche EMPLOI TYPE ou DÉFINITION DE FONCTION

Annonce type selon Charte

Guide de lecture d'un CV (Intranet)

Modèle de réponse négative (Intranet)

Guide d'entretien téléphonique (Intranet)

Données de sortie

TROISIÈME PARTIE : DOCUMENTS SUPPORTS STANDARDS ET MASQUES INFORMATIQUES PAR ÉTAPES DU PROCESSUS

**QUATRIÈME PARTIE : ÉVALUATION DU PROCESSUS
ET PISTES DE PROGRÈS PAR RAPPORT À LA RÉALITÉ ACTUELLE**

Libellé de la piste de progrès

Description de la modification proposée

Gain attendu

Estimation des ressources nécessaires
et du délai de réalisation

Autres commentaires (facteurs clés de succès, risques, etc.)

Proposition de trame d'enquête auprès du management et des salariés

Cette enquête porte sur le contenu et la qualité du service apporté par la structure RH.

Première partie : l'appréciation globale

Quels sont vos besoins prioritaires dans le domaine RH ?

LES GRANDS DOMAINES RH	INDISPENSABLE	NÉCESSAIRE	UTILE	SUPERFLU	NE ME CONCERNE PAS

1 .LE « NOYAU DUR » DE LA MISSION RH
La mise à disposition des ressources : la gestion de l'emploi et des compétences
La dimension opérationnelle à court terme
La gestion quantitative
La gestion qualitative : les non-cadres
La gestion qualitative : les cadres
L'anticipation : la Gepec
L'optimisation de l'utilisation des ressources
La dimension économique
  Rémunération globale et protection sociale
  Le contrôle de gestion sociale : pilotage de la masse salariale
  et des effectifs
Le dialogue social
La dimension stratégique et conduite du changement de la fonction RH
La gestion des cadres dirigeants
La réflexion stratégique et l'anticipation
L'accompagnement opérationnel de la conduite du changement
Le support logistique
La gestion administrative et la paie
Le fonctionnement interne de la fonction RH					

2 .LA PÉRIPHÉRIE Communication interne montante (observation sociale) et descendante La qualité du management et l'organisation Les conditions de travail, la santé et la sécurité Le développement durable					

Quelle est globalement la qualité des prestations de la structure RH pour ces différents domaines ?

LES GRANDS DOMAINES RH	INDISPENSABLE	NÉCESSAIRE	UTILE	SUPERFLU	NE ME CONCERNE PAS

1 .LE « NOYAU DUR » DE LA MISSION RH
 La mise à disposition des ressources : la gestion de l'emploi et des compétences
 La dimension opérationnelle à court terme
 La gestion quantitative
 La gestion qualitative : les non-cadres
 La gestion qualitative : les cadres
 L'anticipation : la Gepec
 L'optimisation de l'utilisation des ressources
 La dimension économique
    Rémunération globale et protection sociale
    Le contrôle de gestion sociale : pilotage de la masse salariale et des effectifs
 Le dialogue social
 La dimension stratégique et conduite du changement de la fonction RH
 La gestion des cadres dirigeants
 La réflexion stratégique et l'anticipation
 L'accompagnement opérationnel de la conduite du changement
 Le support logistique
 La gestion administrative et la paie
 Le fonctionnement interne de la fonction RH					

2 .LA PÉRIPHÉRIE Communication interne montante (observation sociale) et descendante La qualité du management et l'organisation Les conditions de travail, la santé et la sécurité Le développement durable					

Quelle est globalement la qualité du service et du dialogue avec la structure RH ?

	TOUT À FAIT	PLUTÔT OUI	PLUTÔT NON	PAS DU TOUT
Est à l'écoute de vos besoins Est souple et réactive Répond rapidement aux sollicitations Est proche du terrain Est compétente et professionnelle Est respectée à la fois par le management, le personnel et les syndicats Etc.				

DEUXIÈME PARTIE : L'ANALYSE DÉTAILLÉE DOMAINE PAR DOMAINE

Pour chacun des grands domaines, une analyse détaillée de la qualité des prestations sera réalisée comme le montre l'exemple suivant.

Quelle est la qualité des prestations de la structure RH ?

DOMAINE : GESTION ADMINISTRATIVE ET PAIE	EXCELLENTE	BONNE	MOYENNE	INSUFFISANTE	NE ME CONCERNE PAS
Pointage Élaboration de la paie Réponse aux questions sur les bulletins de paie Gestion administrative des embauches et mobilités Etc.					

TROISIÈME PARTIE : CONCLUSION QUALITATIVE
SUR LES PISTES DE PROGRÈS

- *Quelles sont selon vous les principales forces et faiblesses de la structure RH ?*

Les forces :
Les faiblesses :

- *Quels sont les principaux efforts et progrès que vous attendez d'elle ?*

- *Quelles contributions et quels efforts personnels êtes-vous prêts à réaliser pour l'aider ?*

133

Mots-clés

www.ingramcontent.com/pod-product-compliance
Lightning Source LLC
Chambersburg PA
CBHW071908200326
41519CB00016B/4532